AF450360

SOUVENIRS

DE

LA PRINCESSE DE TARENTE

SOUVENIRS

DE

LA PRINCESSE

DE TARENTE

 — 1789-1792 — 

NANTES

ÉMILE GRIMAUD ET FILS, IMPRIMEURS-ÉDITEURS

4, place du Commerce, 4

—

1897

La princesse de Tarente, réfugiée en Angleterre, à sa sortie de la prison de l'Abbaye, a écrit ces souvenirs. Ils se rapportent aux premières années de la Révolution et finissent en 1792. Louise de Châtillon, fille cadette du duc et d'Adrienne de La Baume Le Blanc de La Vallière, avait épousé, en 1781, Charles de La Trémoïlle, prince de Tarente.

La sœur aînée de madame de Tarente était la duchesse de Crussol.

Nommée dame d'honneur de la Reine, au mois de mai 1785, madame de Tarente se dévoua complètement à Marie-Antoinette. Sa charge à la cour devint la grande occupation de sa vie; c'est un véritable culte qu'elle avait pour la souveraine. Quel désespoir pour madame de Tarente que la mort de la Reine ! La France lui faisait horreur ; rien ne put la décider à revenir habiter un pays où pareil forfait s'était commis. Une seule fois, pendant quelques jours, elle vint à Wideville, terre de famille, pour pleurer sur la tombe d'une fille unique qu'elle avait perdue.

Elle habitait Richemond, en Angleterre, lorsqu'en 1797, elle fut appelée à la cour de Russie, comme dame du palais. Madame de Tarente traîna, comme elle le dit, sa triste vie en Russie pendant de longs jours. Elle mourut en 1814.

Des lettres de madame de Tarente et les souvenirs du duc de La Trémoïlle terminent ce volume.

SOUVENIRS

DE LA

PRINCESSE DE TARENTE

1789. — 15 ET 17 JUILLET.

M. de La Fayette accepta le commandement de la garde nationale de Paris sans que le Roi y eût consenti. Il fut proclamé commandant général à l'Hôtel-de-Ville, le 15 juillet. La garde fut à l'instant organisée et l'ordre rétabli dans Paris. Il fallait déjà montrer au peuple son roi humilié ; le maire de Paris l'oblige d'y venir ; le Roi sans prévoir le sort qu'on lui destinait quitte sa famille, le 17 juillet, dans la matinée, suivi de quelques sujets fidèles et de ses gardes. L'assemblée lui envoya une députation à la barrière de la Conférence ; il y trouva le maire qui lui fit un discours, où ces mots furent remarqués : « *Henri IV conquit Paris et aujourd'hui c'est Paris qui conquiert son Roi.* » Les gardes du corps furent

obligés de rester à la barrière ; le Roi ne devait plus
être gardé que par l'amour de son peuple révolté.
Les officiers des gardes restèrent avec le Roi, mais on
ne leur permit pas d'approcher la voiture ; ils furent à
pied à la hauteur des chevaux. La députation suivit le
Roi à l'Hôtel-de-Ville. Il traversa la ville au pas, au
milieu d'une populace immense en armes. Le plus
profond silence fut observé par l'ordre de M. de La
Fayette, qui fit précéder la voiture du Roi par un
homme appelé Michaud, qui ordonnait de ne donner
aucun signe de joie sur le passage de Sa Majesté. La
voiture fut précédée et suivie de pièces de canon. A
l'Hôtel-de-Ville le Roi fut obligé de confirmer les nomi-
nations du maire et du commandant général. Il fut
accompagné de la même manière à son retour. A la
hauteur du chemin de Saint-Cloud, il fit donner l'ordre
à ses gens de le mener par Saint-Cloud et d'aller vite.
Le Roi n'était plus maître de faire aller sa voiture
comme il voulait ; son postillon fut couché en joue ;
il fallut passer par Sèvres ; la route se fit au pas
jusqu'à Versailles, où il arriva à onze heures.

❧ · · · · ☙

5 ET 6 OCTOBRE ET JOURS SUIVANTS.

M. de La Fayette avait bien su, quand il n'y voyait
pas son intérêt, empêcher le peuple de Paris de se

rendre en armes à Versailles. Le 5 octobre, dans la matinée, le peuple s'agite, les femmes de la Halle parlent d'aller à Versailles ; enfin, à deux heures, un rassemblement considérable se fait sur la place de Grève et cette multitude demande au général de la conduire à Versailles. Il résiste ; les femmes partent et vont par différents chemins ; la garde nationale, composée des anciennes gardes françaises, qui avaient cessé de garder le Roi depuis qu'ils avaient quitté l'étendard royal, se rassemble et demande au général de la mener reprendre son poste auprès du Roi ; le général s'y refuse ; on le lui demande de nouveau ; enfin, après avoir résisté assez pour montrer qu'il était contraint, il se décide d'aller à Versailles, attacher les fers de son Roi. Il part, après avoir juré que c'était malgré lui ; il fait faire mille serments à son armée.

Arrivé à la hauteur des avenues de Paris, il fait halte et recommence avec son armée à jurer. Les femmes avaient déjà été introduites à l'Assemblée Nationale ; elles occupaient les bancs des députés ; une partie d'elles avaient été au château demander au Roi du pain. M. de La Fayette arrive à onze heures du soir ; il promet, il jure que la paix va suivre ; il dit au Roi et à la Reine que tout est tranquille, qu'il répond de la sûreté de Leurs Personnes et du château et qu'on peut se retirer ; lui-même se retire, son armée disparaît : le crime veillait.

Mon sang se glace à la pensée que, si les crimes projetés eussent été commis, on n'aurait pas à pleurer le forfait de la nation entière. A six heures, le château est forcé de toutes parts, deux gardes du corps sont assassinés à la porte de la Reine, et ces mots sont entendus dans sa chambre : « *Sauvez la Reine !* » Trois gardes du corps sont mis à mort ; leurs têtes précèdent le Roi à Paris.

La Reine savait parfaitement que tout ce qui se tramait ne regardait qu'elle. Sa Majesté ordonnait à ceux qu'elle connaissait lui être dévoués de se retirer de son appartement, et à madame de Tourzel, la gouvernante de ses enfants[1], de les mener chez le Roi et non chez elle, si elle entendait du bruit dans la nuit. A six heures du matin, elle se réfugia chez le Roi, à peine habillée, après qu'elle eut entendu crier dans son antichambre : « *Sauvez la Reine!* » Tout y était tranquille. Sa Majesté frappa à la porte trois fois inutilement. Quand elle fut dans l'appartement, n'y trouvant pas ses enfants, elle descendit chez eux et, traversant la

---

1. Louise-Elisabeth-Félicité-Françoise-Armande-Anne-Marie-Jeanne Joséphine de Croix-Havré, fille de Louis-Ferdinand-Joseph de Croy, duc d'Havré, née le 11 juin 1749, et mariée, le 8 avril 1764, avec Louis-François Bouchet de Sourches, marquis de Tourzel, grand prévôt de France. Elle en eut plusieurs enfants : 1° Henriette-Adélaïde-Joséphine, duchesse de Charost ; 2° Anne-Louise-Joséphine, comtesse Louis de Sainte-Aldegonde ; 3° Charles-Louis-Yves, marquis de Tourzel ; 4° Joséphine-Marie-Madeleine, comtesse Françoise de Sainte-Aldegonde ; 5° Marie-Charlotte-Pauline-Joséphine, comtesse de Béarn, l'auteur des *Souvenirs de quarante ans*, et 6° Emmanuel-Louis-Joseph. Le mari de madame de Tourzel, Louis-François Bouchet de Sourches, mourut au mois de novembre 1786, des suites d'une blessure qu'il s'était faite pendant une chasse du roi à Fontainebleau. Sa veuve devint gouvernante des Enfants de France au lendemain de la prise de la Bastille, après la retraite de la duchesse de Polignac.

chambre de mademoiselle de Tourzel[1], une bougie à la main, ce qui causa une grande frayeur à cette dernière, elle chercha à la rassurer et à calmer l'effroi que lui causa sa vue au milieu de la nuit : « Ce n'est rien que moi, dit-elle ; je viens chercher mes enfants pour les mener chez le Roi. »

Enfin, le général se réveille pour prendre le château sous sa protection. Ses gardes s'emparent de tous les postes des gardes du corps. Il arrive chez le Roi ; les brigands sont dispersés ; la garde nationale et les gardes du corps fraternisent en changeant leurs bonnets contre des chapeaux ; un peuple immense s'assemble dans la cour de marbre, au-dessous des fenêtres du cabinet du Roi. Le Roi et la Reine sont demandés, le Roi paraît, la Reine ensuite avec ses enfants ; une voix dit : « Seule. » Elle se montre seule, grande de son courage. Le mot *Paris* se fait entendre ; un cri général suit : « Le Roi à Paris. » Le Roi y consent. M. de La Fayette et ses aides de camp donnent à toutes les personnes du service du Roi, de la Reine et des Princes des passeports, qu'ils écrivent sur le bureau même du Roi. La famille royale monte en voiture, à une heure, suivie de quelques gardes du corps à pied, précédée et suivie de pièces de canon sur lesquelles étaient montées les femmes de la Halle.

Le Roi entre à Paris à neuf heures ; il était suivi de plusieurs chariots de farine, afin de confirmer les

---

1. Marie-Charlotte-Pauline-Joséphine Bouchet de Sourches.

malheureux Parisiens dans l'idée que le Roi, leur bon
Roi, empêchait le blé de venir à Paris. Il est mené
à l'Hôtel-de-Ville et, à dix heures et demie du soir, il
entre dans son château des Tuileries, il entend sonner
la première heure de sa longue captivité. Le 7 octobre,
le Roi et la Reine reçoivent du monde au château. La
cour et toutes les personnes qui s'y trouvent doivent
être couvertes des couleurs qui venaient de triompher
du panache d'Henri IV. Le 8 octobre, une espèce
d'insurrection eut lieu au château ; la Reine, guidée
par un trop sensible cœur, s'était engagée sans assez
de réflexion à retirer les effets du Mont-de-Piété
montant jusqu'à un louis[1] ; la somme était si forte qu'il
lui fut impossible de réaliser ce plan de bienfaisance ;
le peuple murmure, se plaint d'être trompé, crie
violemment dans la rue. Le Roi et la Reine reçoivent
du monde comme la veille ; ensuite, Leurs Majestés
se retirent. M. de La Fayette, M. Bailly et des aides
de camp arrivent, menant chacun une dame de la
Halle, et M. de La Fayette oblige ou plutôt ordonne à
madame la princesse de Chimay[2], dame d'honneur de
la Reine, de faire ressortir Leurs Majestés, qui furent
obligées de recevoir ces femmes. Elles firent des
plaintes violentes. Le Roi et, ensuite, la Reine dai-
gnèrent leur parler, la Reine surtout, avec cette
manière et ce ton si séduisants. Elle fut interrompue
brusquement par un des messieurs de M. de La Fayette,

1. Voir les *Mémoires de madame de Tourzel*, publiés par M. le duc
des Cars, t. I, p. 26.
2. Fille du maréchal de Fitz-James.

qui lui demanda de lui présenter les vainqueurs de la
Bastille ; nouvelle insulte, à laquelle M. de La Fayette
se prêta, avec cette facilité et cette déférence entière
qu'il avait pour les volontés du peuple.

Le 6 octobre, en arrivant à l'Hôtel-de-Ville de Paris,
le Maire fit une harangue au Roi à laquelle Sa Majesté
répondit à peu près ces mots, qu'il se rendait avec
plaisir et confiance dans sa ville de Paris. Le Maire
les répéta au peuple, en omettant confiance. La Reine,
l'interrompant avec grâce et vivacité : « Dites donc
avec confiance, Monsieur. »

Peu après le 6 octobre, on parlait à la Reine des dangers qu'elle avait courus et de l'horrible trahison dont
elle avait été l'objet. Sa Majesté répondit : « J'ai tout
vu, j'ai tout su, j'ai tout oublié [1]. »

Peu après que les Etats généraux furent assemblés,
dans le moment que les ennemis du Roi, et de la Reine
surtout, employaient tous les moyens de séduction pour
détacher le peuple de l'obéissance, de nouveaux projets de vengeance paraissaient être la seule occupation de ceux qui se disaient les sauveurs de leur pays ;
ils laissaient avec une feinte indifférence circuler dans
le public, chaque jour, une autre nouvelle, tant sur le
Roi que sur la Reine. Un jour qu'elle était dans sa
chambre à coucher avec une personne qui parlait et
s'affligeait avec elle de tout ce qui se disait sur le Roi
et évitait soigneusement de lui parler d'elle : « Vous
ne dites rien de moi, reprit la Reine ; croyez-vous que

1. Voir *Mémoires de madame de Tourzel*, t. I, p. 81.

j'ignore ce qui se dit? » Et, s'approchant de la fenêtre avec beaucoup de calme, de la main elle montra le côté de Saint-Cyr : « Voilà mon chemin, » dit-elle.

Le jour que la Reine apprit la mort de l'empereur Joseph, son frère — c'était depuis son arrivée à Paris — elle dit à l'une des personnes qui avaient la permission de lui faire régulièrement leur cour : « Ne restez pas ici ; c'est mieux pour vous et pour moi ; on vous connait pour m'être trop attachée, mais croyez que je saurai imiter l'Empereur, je saurai souffrir et mourir comme lui. »

Plusieurs personnes que leur attachement et leur assiduité avaient rendues suspectes, furent obligées de donner au Roi la démission de leurs charges; les événements le forcèrent de les accepter.

Le regret de voir le Roi abandonné sans nécessité arracha des larmes à un des témoins ; la Reine essaya de le consoler, et lui dit : « Ne vous montrez pas tout de suite ; c'est augmenter l'acharnement de nos ennemis que de leur laisser voir que nous sommes encore aimés. »

1790

L'Assemblée Constituante de France décréta qu'une fédération de toutes les gardes nationales du royaume

aurait lieu à Paris, le 14 juillet, en mémoire de la
révolution et pour prêter serment à la nouvelle constitution. Toutes les gardes nationales furent repré-
sentées par des députations ; celle de la province du
Maine vint complimenter la Reine, et, lui adressant
un discours, l'orateur la loue sur le courage qu'elle
avait montré dans la journée du 6 octobre de l'année
précédente. Sa Majesté l'interrompit, et, fixant M. du
Repaire, un des gardes du corps qui avait été presque
tué en défendant la porte de son appartement, le même
6 octobre, elle dit tout haut : « Ce n'est pas mon courage qu'il faut louer, mais celui de ce brave homme,
auquel je dois la vie. »

1791

Les journées du 22 et du 23 février avaient été ora-
geuses ; le 28, on avait annoncé qu'il y aurait encore
du bruit au château. M. de La Fayette, pour montrer
son pouvoir et dans quelle servitude il tenait le Roi et
la noblesse, avait rassemblé une plus forte garde,
dont il connaissait bien la disposition contre la
noblesse, qu'il lui représentait toujours comme son
ennemie. Plusieurs gentilshommes s'étaient réunis
dans l'appartement du Roi, guidés par le sentiment
pur qui commande à un sujet loyal de venir exposer

ses jours, quand ceux de son maître sont menacés.
Ils étaient sans armes apparentes ; bientôt la garde
nationale s'inquiéta de cette réunion. M. de La Fayette,
vivement intéressé à profiter de ces mouvements dont
il était l'auteur, trouvant que tous les moyens sont
légitimes, souffre ou pour mieux dire permet que ses
soldats arrêtent sur l'escalier et dans les galeries les
gentilshommes.

Plusieurs sont menacés, fouillés, menés au corps
de garde. M. le duc de Piennes, premier gentilhomme
de la chambre du Roi, fut conduit au corps de garde,
blessé ; il ne fut pas le seul, mais d'autres noms ne se
présentent pas à ma mémoire [1]. L'agitation continue,
les gentilshommes sont toujours maltraités, lorsque
M. de La Fayette imagine un moyen perfide de faire
finir cette pénible scène : il dit au Roi que la garde
nationale est indignée que la noblesse armée se rende
auprès de sa personne, qui ne doit être défendue que
par elle. Le Roi, comptant sur sa fidèle et loyale
noblesse, fait le sacrifice qu'on exige de lui, et demande
à tous les gentilshommes qui sont auprès de lui de
remettre entre ses mains les armes qu'ils peuvent
avoir et il engage sa parole, d'après celle de M. de
La Fayette, qu'elles seront rendues fidèlement. Beau-

---

1. Parmi les gentilshommes arrêtés, on remarquait MM. de La
Bourdonnaye, Fontbelle, Dubois de La Motte, de Songi et de
Berthier, fils de l'intendant de Paris, qui refusèrent de se laisser fouil-
ler. On les conduisit à la prison de l'Abbaye, où ils restèrent près
de quinze jours, après lesquels on les remit en liberté. — *Mémoires
de madame de Tourzel*, t. I, p. 252.

coup de pistolets sont remis à celui qui enchaînait les
bras aussi bien que les volontés. Ils lui sont remis avec
ce sentiment pénible qui n'empêche pas l'obéissance,
mais qui marque le sacrifice. Le Roi, sensiblement
touché de tant de dévouement, charge M. le marquis
de Duras, premier gentilhomme de la chambre d'année,
de ce dépôt ; précieux témoin parlant de ce qu'il
pouvait exiger de ses fidèles serviteurs, les armes
sont enfermées, le Roi se retire, la garde nationale
ou plutôt M. de La Fayette ne trouve pas encore la
noblesse assez humiliée par ce qu'il avait exigé du Roi.
Il fait forcer l'endroit où les armes sont déposées et
dans l'instant elles sont par lui distribuées à la garde
nationale. Le château est plein de gardes ; M. le marquis de Duras rencontre M. de La Fayette dans une
galerie et lui dit : « Monsieur, je voudrais bien savoir
pourquoi mon antichambre est plein de gardes et je
souhaiterais que vous les fissiez retirer. » — « Ils
sont là par mon ordre et apprenez, Monsieur, que, si
je le voulais, vous auriez des gardes dans votre lit. »

Le Roi, échappé à la vigilance de M. de La Fayette
dans la soirée du 20 juin, arrive à Varennes dans celle
du 21. Sa Majesté y est arrêtée avec sa famille par
M. Drouet, maître de la poste aux chevaux de Sainte-
Menehould, et par M. Sauce, procureur syndic de la
commune de Varennes. Il est forcé, sans être absolument connu, de descendre dans la maison du procureur, où il est gardé jusqu'à l'arrivée du courrier de
M. de La Fayette et d'un de ses aides de camp.
M. Baillon, commandant du bataillon des gardes na-

tionales de l'abbaye Saint-Germain, revêtu des pou-
voirs de M. de La Fayette, arrête de nouveau le Roi.
M. Romœuf, porteur du décret de l'Assemblée Nationale qui ordonnait que le Roi fût ramené au lieu de
ses séances, le présenta au Roi et à la Reine, en leur
signifiant l'ordre de partir. La nuit se passa en incer-
titudes. M. Baillon, l'homme de confiance de M. de
La Fayette, trouvant que le départ du Roi se différait
trop et que les ordres de son maître seraient mal exécu-
tés, allait et venait dans la chambre et, par ses gestes,
en s'approchant de la fenêtre, excitait et appelait le
peuple, afin de décider le départ pour Paris. Le Roi
monta dans sa voiture le 22, à sept heures du matin,
au milieu de la populace de Varennes ; il fut suivi par
M. Drouet, qui vint à Paris recevoir les hommages
dus à sa scélératesse.

M. de La Fayette avait laissé effacer dans Paris, et
même à quelques places couvrir de boue, toute en-
seigne qui rappelait un Roi ou la royauté. Le Roi,
après un voyage pénible qu'il fit au pas, en butte, ainsi
que sa famille, à la fantaisie, aux caprices, à l'insolence
de tous les révoltés, entra dans Paris, ou plutôt dans
sa prison, le 25 juin, à sept heures du soir. Une foule
immense se porta dans le jardin des Tuileries, que le
Roi traversa en voiture. M. de La Fayette se trouva
près de lui, quand il en descendit ; sur la terrasse, il
fut environné du peuple, à qui on ordonna de garder
le chapeau sur la tête, et le général donna aussi l'ordre
à la garde nationale de se reposer sur ses armes au
passage de la famille royale ; ce qu'elle exécuta avec
beaucoup d'obéissance.

L'Assemblée Nationale, instruite de l'arrivée du
Roi à Paris, décrète qu'il aura une garde d'honneur,
ainsi que la Reine et M. le Dauphin. M. de La Fayette
interpréta le décret, en changea le sens et la forme,
et, de sa propre autorité, fit du château des Tuileries
une vraie prison ; toutes les avenues et les portes
extérieures furent fermées ; la vigilance la plus exacte
et la plus active environna le château ; une garde
nombreuse fut établie en dehors et en dedans pour
répondre à M. de La Fayette que son maître ne lui
échapperait plus. Des canons y furent traînés chaque
jour ; enfin, la famille royale devint presque inacces-
sible à ses valets ; elle le fut entièrement à ses plus
fidèles serviteurs. Le Roi fut suspendu de ses fonctions royales, ses ministres mêmes ne parvinrent plus
jusqu'à lui ; quinze officiers, du choix de M. de La
Fayette, furent donnés au Roi, autant à la Reine et
à M. le Dauphin ; parmi ce nombre, un d'eux fut
désigné plus particulièrement pour répondre au nouveau geôlier de la sûreté du prisonnier confié à ses
soins. Des sentinelles furent placées dans l'intérieur
des appartements de la famille royale, non pour sa
sûreté, ce n'était pas nécessaire, mais seulement pour
lui donner plus de gêne dans les moyens de communiquer ensemble. La chambre à coucher de la Reine
n'était pas libre ; elle ne pouvait pas y être seule.

M. de La Fayette, implacable dans sa vengeance,
eut l'insolence d'ordonner à un de ses aides de camp
de rester la nuit dans la chambre de la Reine, afin de
s'assurer que Sa Majesté ne tenterait pas une autre

fuite. Cet homme avait le droit d'aller regarder au lit
de la Reine, de lui parler ; enfin, de savoir si elle y
était. Elle eut une garde à la porte intérieure de sa
chambre à coucher ; elle était placée au bas d'un
escalier qui communiquait seulement dans les appartements de M. le Dauphin et de Madame. Il fallut à
M. de La Fayette plusieurs jours pour apaiser les
inquiétudes qu'il faisait naître lui-même sur les
préparatifs d'un autre départ ; la Reine fut obligée de
garder la première de ses femmes dans sa chambre
et de faire placer entre son lit et son fauteuil, dont le
surveillant s'était emparé, un paravent, afin de s'en
séparer autant qu'elle pouvait. Les portes de la
chambre à coucher de la Reine furent constamment
ouvertes pendant les nuits, et les officiers formant sa
garde les passaient dans son salon, de manière à
pouvoir entendre ce qui se disait dans la chambre et
y entrer, au moindre bruit qu'ils auraient entendu.
Plusieurs fois, Sa Majesté a été obligée de faire
entrer dans sa chambre, à toute heure du jour ou de
la nuit, ses gardiens pour la voir et qu'ils pussent
rassurer les autres sur son prétendu départ.

Pendant les premiers jours, rien ne peut exprimer
la gêne qui environnait la famille royale ; elle ne
pouvait pas se voir seule ; les gardes étaient toujours
avec elle ou dans la pièce voisine, les portes ouvertes.
Ensuite, M. de La Fayette daigna se relâcher de
cette insultante et inutile surveillance qui privait le
Roi et sa famille de se parler de leurs souffrances ; il
permit que les portes fussent fermées, quand le Roi

était réuni à sa famille ; mais les gardes conservèrent toujours le droit d'entrer dans la chambre des Princes, la nuit et le jour, sous le moindre prétexte.

M. de La Fayette, craignant ou faisant semblant de craindre une autre fuite, ne jugea pas sage de permettre que la famille royale allât entendre la messe dans la chapelle ordinaire. Le danger était grand ! Elle était au delà de l'appartement du Roi. La Reine montait chez M. le Dauphin par un escalier qui communiquait intérieurement de son appartement dans celui de son fils ; elle passait chez M. le Dauphin, accompagnée de quatre officiers ; elle trouvait la porte fermée. C'étaient les bornes de la prison de madame de Tourzel, qui, étant suspendue de ses fonctions de gouvernante, était cependant constituée prisonnière dans une pièce de l'appartement du Prince. Un des gardes frappait, en disant : « La Reine. » Le garde de madame de Tourzel, qui habitait la même chambre qu'elle jour et nuit, allait ouvrir à la Reine, qui entrait pour prendre son fils et le mener chez le Roi par l'intérieur ; ils étaient suivis par huit officiers ; la famille royale se réunissait dans une galerie ; un autel y était construit ; on voyait à ses pieds, non sans attendrissement, un Roi, naguère tout puissant, maintenant prisonnier dans sa capitale, demandant au Ciel de faire cesser le délire et l'égarement de ses sujets ingrats. Personne du dehors n'assistait à cette messe. Ensuite, M. de La Fayette fit distribuer des cartes pour pouvoir entrer au château, et le Roi et la Reine y furent accompagnés journellement par quelques personnes de leur maison, la Reine par une de ses dames ; la messe finie, la Reine et M. le Dauphin quittaient le Roi et, suivis par le même nombre d'hommes, se rendaient dans l'appartement de la Reine.

Jamais M. le Dauphin ne venait chez la Reine qu'il ne fût suivi de ses officiers, qui ne le quittaient que les moments qu'il passait chez elle. La nuit et le jour, ils étaient dans sa chambre.

M. de La Fayette s'était rendu à un tel point le maître de l'intérieur du Roi et de la Reine qu'il prétendait disposer de leurs volontés jusque dans le choix de leurs valets. La Reine avait des preuves certaines, et M. de La Fayette le savait bien, qu'une femme à elle, qui demeurait justement à un entresol au-dessus de sa chambre par où ils étaient sortis du château le 20 juin, avait donné jusqu'au plus petit renseignement sur la sortie de la famille royale. Sa Majesté se décida de renvoyer cette femme dont le service lui devenait trop pénible. M. de La Fayette ne le permit pas ; la Reine insista : M. de La Fayette demanda du temps ; enfin, impatientée, la Reine se décide et congédie cette femme sans le consentement de M. de La Fayette. Sa Majesté avait eu la patience d'attendre trois semaines que le général de la garde nationale eût décidé sur cette grande affaire. Il fallait qu'il trouve un moyen de remplacer le bon et fidèle espion qu'il allait perdre ; il prétendit que la précipitation de la Reine pouvait amener de grands dangers. Les dames de la Reine ne parvenaient jusqu'à Sa

Majesté qu'à travers des difficultés presque insurmon-
tables. L'une de ces dames fit demander à M. de Gouvion
l'entrée du château pour elle et deux de ses compagnes ; elle leur fut accordée pour cette fois. Arrivées
à la porte de la cour des Princes, elles furent arrêtées
pendant une demi-heure pour avoir une nouvelle permission et un garde pour les conduire. Pendant ce
temps, un valet de pied de la Reine passa ; elles le char-
gèrent de demander à Sa Majesté si elle voudrait bien
les recevoir ; elle fit dire que oui. L'officier tant
attendu parut ; elles arrivèrent enfin à la porte de
l'antichambre de la Reine. Nouvel obstacle ; les sentinelles du dehors ne veulent pas les laisser entrer ;
l'officier dit qu'il a l'ordre du chef, qu'il est en règle ;
cette porte s'ouvre encore ; ce n'était pas le dernier
obstacle, ni le plus pénible. L'officier, qui répondait
de la personne de Sa Majesté, se trouvait dans la
chambre qui précédait celle où elle était. La porte en
était ouverte ; on pouvait entendre la Reine, la voir
même, mais on ne pouvait l'aborder. L'officier, connu
par l'une de ces dames pour un honnête homme et sensiblement touché des malheurs de la famille royale,
s'adresse à elle et lui dit : « Je vais prévenir la Reine
et je ne doute pas qu'elle ne vous voie et ces dames. »
— Un long temps s'écoule, la Reine ne fait rien dire ;
enfin, une de ses femmes vient parler à la même
dame : « La Reine me charge de vous dire que, si
vous n'êtes pas autorisée suffisamment par M. de La
Fayette, il faut qu'elle renonce au plaisir de vous
voir. » M. de Gouvion valait M. de La Fayette ; il

était son maître en révolution : peu après, les dames
entrèrent dans la chambre de la Reine, conduites par
l'officier de sa garde.

Quelques jours plus tard, les personnes attachées
à la famille royale eurent plus de facilité d'approcher
du château, des cartes furent distribuées ; ce ne fut
pas une petite affaire ; le prudent général qui, en
changeant de rôle, ne voulait pas s'en donner la
mine, crut qu'il n'était pas sage de munir ces cartes
de son nom, et personne ne voulait les signer, ce qui
retarda de quelques jours la distribution, et multiplia
les embarras des personnes que le devoir ou leur
attachement amenaient au château ; une des dames de
la Reine, le premier jour qu'elle fut munie de sa carte,
ne put, malgré son droit, vaincre l'obstination des
gardes de la porte des Princes qui lui refusèrent
constamment, sans aucun prétexte, l'entrée du château.

Je voudrais être capable de dire l'impression qui
m'est restée de ce qu'on me dit de la Reine pendant
ce pénible voyage et depuis le retour. Tout ce que le
courage, l'énergie, l'élévation de l'âme, la sensibilité
réunis à la bonté du cœur, pouvaient rassembler d'intérêt, elle le possédait pour captiver ceux qui l'approchaient. Sa garde a participé de cette séduction ; elle
s'est retirée, fâchée de ne plus l'approcher, et le Roi,
touché de quelques marques d'attachement, prit dans
sa garde plusieurs des officiers qui avaient gardé sa
personne, celle de la Reine et de M. le Dauphin.

Je reprends le récit de ce qui m'est particulier. Le
départ du Roi et de sa famille était décidé. La Reine,

qui m'a toujours accordé ses bontés, souffrait de me
laisser au milieu de Paris, mais elle n'avait aucune
raison d'exiger de moi de quitter la ville où mon
attachement pour elle me retenait. Le seul moyen de
me faire partir était de me dire son secret ; malgré
qu'il eût été bien confié sans doute, elle ne crut pas
le pouvoir, mais, sans le dire, elle eut le plaisir de
satisfaire son bon cœur. Le hasard lui ménagea une
occasion dont elle tâcha de profiter pour me garder
auprès d'elle, ma bonne étoile me sauva et, avec le
regret de la voir dans les fers, au moins n'eus-je pas
la peine d'en être séparée. Pour expliquer ceci, je dois
parler de choses entièrement étrangères à elle. M. de
Tarente[1] apprit à Rome que son père[2] était très mal à
Nice, d'une attaque d'apoplexie ; il croyait ne plus le
trouver en vie. Il pensa, je ne sais trop pourquoi,
qu'il lui était utile de me voir et, ne voulant pas revenir en France, il m'engageait à en sortir. Ses sollici-
tations devenaient plus fréquentes et même si pressantes que j'en étais aussi embarrassée que profondément affligée. Je m'appuyais avec force sur mon
unique et bonne excuse, le service de la Reine, qui, par
la manière obligeante dont elle me traitait, me prouvait que j'avais le bonheur de lui être utile. Ces lettres
augmentaient de plus en plus mon embarras et ma
peine. M'étant promis de ne rien dire, je me trahissais

---

1. Charles-Bretagne-Marie-Joseph de La Trémoille, prince de
Tarente, mari de la princesse de Tarente.

2. Jean-Bretagne-Charles-Godefroy, duc de La Trémoille, mort à
Chambéry, le 19 mai 1792.

à tous les moments, parce que je l'aimais de si bon
cœur que j'étais sans force contre la privation qu'on
exigeait de moi. Enfin, un jour, je reçus chez madame
de Tourzel une lettre où l'on me disait qu'on ne voulait
recevoir aucune excuse, qu'on se servait de tous les
droits qu'on avait sur moi pour m'ordonner de partir
sur-le-champ de Paris pour aller à Genève où, en
quittant Nice, on se rendrait le plus tôt possible.
Madame de Tourzel s'aperçut de l'impression que me
fit cette lettre, et, étant accoutumée, à la manière que
je passais ma vie avec elle, que je n'avais pas
la moindre réserve, elle me demanda avec une
curiosité pleine d'intérêt ce qui me fâchait si profondément, car elle voyait que j'avais peine à
retenir mes larmes. Rien au monde n'était si fait pour
les faire couler ; les malheurs de la Reine, la manière
dont elle les supportait, en augmentant ma vénération,
donnaient plus de force à mon sentiment et l'idée de
la quitter m'était si insoutenable que j'étais bien
décidée de tout risquer. Mais pour exécuter ce plan,
il fallait qu'elle ignorât mes combats ; je refusai donc
très fermement de faire à madame de Tourzel aucune
confidence à cet égard, persuadée qu'elle me trahirait
et qu'il faudrait partir. Je connaissais la droiture de
la Reine. Elle m'avait dit mille fois: « Je ne veux jamais
me trouver entre vous et votre famille ; contentez-la
d'abord ; vis-à-vis de moi, elle sera toujours une
excuse. » — Cependant madame de Tourzel me pressa
si vivement que je cédai à ses instances et je lui
révélai ma peine, lui prouvant en même temps de quel

intérêt il était pour moi qu'elle ne parlât pas à la
Reine de notre conversation. Elle me le promit ; je fus
plus tranquille, comme il arrive toujours quand on a
confié ce qui nous oppresse. Ce jour-là même, je suivis
Sa Majesté à la promenade ; mes yeux se fixaient
involontairement sur elle ; ils devinrent si parfaitement le miroir de mon âme et la tristesse y fut peinte
si au naturel, qu'elle s'en aperçut et, avec cette
manière charmante qui donnait un prix infini à la
moindre de ses paroles, elle me demanda ce que
j'avais. Je dis que je n'étais pas bien. Comme elle ne
témoignait son intérêt que tout juste ce qu'il fallait
pour plaire, à cause du tact parfait dont elle était
douée, elle jugea que le moment n'était pas bon pour
en dire davantage, que je ne voulais pas répondre, et
elle eut la discrétion de se taire pour ne pas augmenter
l'embarras qu'elle voyait bien que sa question m'avait
causé. Mais avec elle rien n'était négligé, si elle
pouvait servir ; elle se souvint de ce qui avait été dit
dans sa voiture et, trouvant, au moyen de l'infidélité
de madame de Tourzel, un prétexte de me faire
ordonner de quitter la France, elle la chargea de cette
commission, qui fut exécutée deux jours après. Je
dînais chez madame de Tourzel. Après le dîner, elle
m'emmena dans sa chambre et, sans paraître gênée,
après m'avoir fait asseoir, elle me dit : « La Reine
m'ayant demandé si je savais ce qui vous rendait si
triste, qu'elle vous avait surprise les yeux pleins de
larmes attachés sur elle et ayant exigé que je lui dise
ce que j'en savais, je lui ai répété notre conversation.

Tout ceci me fut dit si tranquillement qu'il m'est
impossible d'exprimer combien je fus outrée contre
madame de Tourzel, combien je fus blessée de ce
qu'elle avait si cruellement abusé de ma confiance
qu'elle avait forcée. Elle me laissa dire tout ce que
mon dépit me fournit d'invectives et, continuant, sans
penser seulement à dire un mot d'excuse pour ce qui
me paraissait une trahison si noire, elle ajouta que la
Reine me commandait d'aller tout de suite joindre
M. de Tarente où il m'appelait, que je savais bien que
sa volonté et ses vœux pour mon bonheur étaient
qu'elle ne fût pas un obstacle éternel à ma réunion
avec lui. Ses raisons étaient les plus belles du monde,
mais pour moi, dont l'extrême attachement à sa personne me la faisait considérer avant tout, et qui étais
dans la plus profonde ignorance de son motif, je n'y
voyais tout bonnement que l'ordre de la quitter, ordre
qu'il m'était impossible d'exécuter. Je dis à madame
de Tourzel: « Me voilà tout à fait dans mon tort vis-
à-vis de M. de Tarente ; j'ai perdu, par ma faute, il
est vrai, ma seule bonne excuse, munie du consentement de la Reine ; je n'ai plus une raison de rester,
et cependant je suis inébranlablement décidée ; rien
dans le monde ne peut me décider de laisser là une
place dont ma fidélité me rend digne. » — Madame
de Tourzel renonçant à me persuader, je finis par lui
dire que j'écrirais à la Reine. Je ne différai pas ; je
cherchai dans ma lettre à lui dire tout ce que je trouvais de bonnes raisons au fond d'un cœur passionné
pour elle, pour m'excuser de résister à une volonté

que ses bontés rendaient impossible à suivre. Je remis
ma lettre à un homme de mes amis qui allait chez
elle, en le priant de ne la lui donner que quand elle
l'aurait congédié ; ce qu'il exécuta ou non, je ne sais,
mais son retour ne me fut pas plus favorable. Il me
rapporta l'ordre de rejoindre M. de La Trémoille ; cet
homme me pressa de partir ; voyant ma répugnance,
il me dit : « Peut-être ceci va-t-il vous décider : la
Reine, après mille bonnes raisons pour vous forcer à
lui obéir, a ajouté qu'elle vous priait, qu'elle vous
ordonnait, qu'enfin, elle réclamait et voulait se servir
de tous les droits que lui donnaient sur vous son
amitié et votre dévouement, pour vous l'ordonner ; et
puis en hésitant, elle dit : *Et si nous partions, je ne
pourrais pas l'emmener ; s'il lui arrivait quelque
malheur, je ne m'en consolerais pas.* » — Mon ami
me redit ainsi la conversation et, pour me persuader
davantage la nécessité de quitter la Franee, il me
donna quelques détails : « Si j'en croyais, continua-
t-il, la manière dont la Reine m'a parlé, je penserais
que demain, il ne serait plus temps, et qu'elle sera
partie avant. » — J'étais si parfaitement convaincue
qu'on ne pourrait déterminer le Roi à une démarche
si décisive que cette idée me parut tout à fait fausse
et que je ne m'y arrêtai que pour la combattre et
convaincre mon ami de l'impossibilité où j'étais de
partir, n'ayant ni passeport, ni aucune chose préparée.
Le lendemain, étant à dîner chez ma mère[1], je reçus un

____

1. Adrienne-Emilie-Félicité de La Baume-le-Blanc de La Vallière.

message de la Reine qui était une réponse à ma lettre.
Comme c'est le seul de ses billets dont j'ai eu le
bonheur de garder au moins la copie [1], je me fais le
plaisir de la transcrire ici, parce que je trouve qu'il
est glorieux d'avoir excité l'intérêt de cette illustre et
malheureuse Reine... Dans un esprit moins prévenu
que le mien, cette phrase : « Enfin, ma Princesse,
notre séparation ne durera pas toujours ; une absence
dans ces moments de trouble peut hâter notre réunion, »
cette phrase eût été un coup de lumière ; elle me
frappa sans ébranler ma résolution. Je voulais y tenir
jusqu'à ce qu'on m'en eût dit davantage.

Tout occupée de cette lettre, je fus dans la soirée
chez madame de Tourzel, où je trouvai la Reine, qui
me demanda si ses instances m'avaient enfin déter-
minée à partir; je lui répondis que non, que rien,
excepté son service, ne pouvait me décider à me
priver du bonheur de ma vie; que je ne prétendais pas
qu'elle me dît la moindre chose qui lui fût personnelle, puisque je ne me croyais pas digne d'une telle
bonté, mais que, si elle voulait me persuader entièrement, qu'elle daignât me nommer tout autre endroit
que celui où M. de Tarente m'appelait, que, dans
l'instant, je quitterais la France, avec l'espoir de la
revoir bientôt. J'avais tant de crainte de m'éloigner
d'elle que je ne pouvais en supporter l'idée qu'autant
que j'avais l'espérance que c'était à cause d'elle que
j'en recevais l'ordre. Elle ne voulut pas se laisser

1. Cette copie n'a pas été retrouvée.

ébranler par la moindre complaisance ; je lui dis que
j'étais aussi décidée qu'elle, et, après avoir tenté
quelques autres moyens de lui arracher une parole qui
pût me paraître personnelle à elle, je la quittai, plus
convaincue que jamais que je ne devais pas lui obéir.
Elle eut l'air de souffrir autant de ma décision que de
n'en pouvoir pas dire davantage ; mais, tous mes
stratagèmes ayant manqué, je marquai clairement que
j'étais plus affermie que jamais. Je vis qu'elle avait
à parler à madame de Tourzel ; je m'éloignai pour lui
laisser toute liberté. Ceci aurait dû encore me donner
à penser, mais dans cet instant, rien ne pouvait l'em-
porter sur mes propres idées. Enfin, raisonnant en
moi-même sur l'envie qu'elle avait que je m'en allasse
au moins à la campagne et que je revinsse près d'elle
peu après, je lui demandai la permission de changer
ma semaine de service avec une de mes compagnes et
d'aller passer la semaine prochaine, qui était celle de
mon service, à la campagne. Elle accepta cette proposition avec une joie si remplie d'amitié pour moi et
m'en donna des preuves si touchantes que je ne me
suis jamais sentie plus obligée à elle que dans ce
moment. Elle me dit mille adieux, m'appela des noms
les plus tendres, m'embrassant à différentes fois et
me convainquit que mon devoir était de rester auprès
d'elle. Nous nous séparâmes, j'arrangeai mon petit
voyage et en partant je vins prier madame de Tourzel
de parler à ma compagne. Son extrême indifférence
sur ce qui m'occupait beaucoup, puisqu'il s'agissait
de ne pas perdre mon service, me parut presque déso-

bligeante. Enfin, il fallut me contenter et si j'avais pu me
laisser persuader, tout ce que je voyais devait m'engager d'aller en Flandre, attendre les événements. Je
partis pour aller à quinze lieues de Paris, le samedi
18 juin, et nous apprîmes, le mardi 21, à neuf heures
du soir, que le Roi et sa famille avaient quitté les
Tuileries la veille, dans la nuit, et que l'Assemblée
n'avait aucune idée de la route qu'ils suivaient. Enfin,
Paris, après avoir souffert tous les tourments d'une
coupable qui se voit au moment d'être jugée par un
maître offensé, l'abattement et la crainte étant répandus sur tous les visages et l'Assemblée commençant à
penser aux moyens de faire la paix avec le Roi, M. de
La Fayette vint annoncer qu'un de ses courriers avait
arrêté le Roi dans un village appelé Varennes ; l'Assemblée se conduisit avec beaucoup de modération et
le peuple reprit son ton d'insolence accoutumée ; il
triomphait : les chaînes de son Roi allaient être plus
pesantes que jamais.

En apprenant la nouvelle du départ, je crus mourir
de chagrin ; je me vis séparée pour la vie ; mille
projets roulèrent dans ma tête ; je ne pus m'arrêter
à aucun, il fallut subir ma triste destinée ; je ne
pouvais m'en prendre qu'à moi. A tous les sentiments
de mon cœur se joignait la reconnaissance. Elle
s'était donnée tant de peine pour me conserver auprès
d'elle ! Enfin, la nouvelle du retour du Roi à Paris
gagna notre paisible retraite, et alors je ne songeai
plus qu'à regagner la ville. Mais je reçus ordre de ma
mère de rester où j'étais. Le dimanche 26 juin, dans

la soirée, madame la duchesse de Maillé m'envoya un
courrier pour me dire que le Roi était arrivé la veille,
que la Reine avait vu madame d'Ossun, qu'elle-même
devait y aller le soir, qu'elle me conseillait de partir
tout de suite, de descendre chez elle et que j'y
trouverais tout ce qui était nécessaire pour aller aux
Tuileries. Je partis dans la matinée du lundi 27,
fort tard, ayant attendu un passeport de la municipalité
de Clermont ; je descendis, ainsi que la duchesse de
Duras, qui avait fait le voyage avec moi, chez madame
de Maillé. Elle me dit que, M. de La Fayette s'étant
rendu plus difficile, elle n'avait pas pu approcher des
Tuileries, comme elle me l'avait mandé. J'eus le
chagrin de devoir renoncer au triste bonheur d'aller,
le même jour, chez la Reine, qui était plus captive que
jamais. Je commençais à bénir mon entêtement qui
me réunissait à elle. J'étais dans cette inquiétude
inséparable d'un grand intérêt, ignorant les facilités
qu'on nous laisserait pour lui faire notre cour régulièrement, ce qui était le souhait de mon cœur.
J'allais renoncer à approcher des Tuileries, lorsque
la plus favorable circonstance me fit espérer et me
donna bientôt la certitude de me retrouver auprès de
la Reine. J'ai dit que j'avais demandé à une autre dame
de prendre ma semaine, pour qu'à mon retour, elle me
cédât la sienne. Vis-à-vis d'elle je craignais d'avoir
l'air de m'être sauvée de Paris à ses dépens. Effectivement, elle avait été arrêtée et menée à une section,
traitement qui ne tenait en rien à ce qui avait rapport
à elle et à moi, mais le sachant et pas le motif, je me

persuadais que sa complaisance pour moi pouvait l'avoir rendue remarquable, si la Reine avait été vue pour la dernière fois avec elle ; je courus chez madame de la Roche-Aymon, j'y rencontrai madame de Duras ; elles étaient inquiètes d'un moyen d'arriver aux Tuileries ; nous essayâmes d'envoyer de la part de madame de Duras demander à M. de Gouvion, qui commandait sous M. de La Fayette, la permission d'entrer aux Tuileries. Il fit répondre que oui.

Nous nous mîmes en chemin ; nous trouvâmes la porte fermée, excepté une très petite ouverture qui était fixée avec un crochet et qui ne laissait passer qu'une seule personne. Ayant passé outre cette porte, je fus, moi et mes compagnes, arrêtée jusqu'à ce que l'homme qui nous avait amenées fût reconnu pour celui auquel M. de Gouvion avait donné la permission de passer les bornes de la prison. Ainsi, je restai debout au soleil et dans la cour, au milieu de la nombreuse garde qui ne nous perdait pas un moment de vue. Madame de Tourzel était arrêtée dans l'appartement de son malheureux petit Prince, ne pouvant parler à personne. Huit jours avant le départ du Roi, elle avait été fort malade ; j'en étais en peine, sans connaître aucun moyen de le lui faire savoir ni d'avoir de ses nouvelles. Je vis venir à la porte une personne qui avait traversé la cour et que je croyais être à elle. Dès que j'en fus assurée, oubliant que j'étais à peu près prisonnière, je sortis de ma place pour aller à elle. Vingt gardes nationales, croyant que j'allais m'échapper, m'enfuir au château,

je ne sais quoi encore, arrivèrent après moi et me
traînèrent à ma première place, avec toutes les marques du mécontentement et de l'humeur. J'étais bien
portée à en prendre moi-même, mais cet intérêt qui
occupait si vivement mon cœur réprimait tous les
mouvements que l'insolence des geôliers pouvait
exciter. Cet homme ne revenait pas, mon impatience
allait croissant, quand j'aperçus un des gens de la
Reine. J'attendis qu'il vînt auprès de moi, pour ne
pas exciter une nouvelle alarme parmi les fidèles satel-
lites de la Constitution. Combien je fis de questions à
cet homme ! Je ne saurais dire, mais la plus
intéressante ne fut pas oubliée : — « La Reine
voudra-t-elle nous voir ? — Pouvez-vous aller le lui
demander ? » — Il dit que oui et, peu après, il revint
annoncer que la Reine nous recevrait avec plaisir, si
nous étions munies de la permission d'entrer aux
Tuileries.

— Nous l'avions sans l'avoir, et je souffrais le
martyre de tous ces retards, de tout ce que je voyais
qu'on faisait souffrir à celle qui ne méritait que des
hommages. Enfin, un petit homme, de très déplai-
sante et mauvaise mine, se présenta à nous ; il portait
un uniforme national et dit qu'il était commandé par
M. de Gouvion pour nous conduire à l'appartement de
la Reine. Malgré le supplice d'être obligée de me
laisser conduire là où je me sentais le droit d'aller
seule, le bonheur d'y arriver me consolait des
épreuves désagréables qu'il avait fallu subir. Après
avoir traversé la cour, le guide ne savait plus où il

devait aller. On chercha de lui persuader que la Reine
demeurait au rez-de-chaussée ; il voulut monter, et à
la porte de l'appartement, il fut très étonné d'apprendre que c'était celui de M. le Dauphin. Il fallut
redescendre ; en dehors de la porte de la Reine, nous
trouvâmes deux sentinelles de la garde nationale, l'un
soldé et l'autre bourgeois. Notre conducteur, dont la
mine n'était pas imposante, fut si maltraité par eux
que je crus que nous serions obligés de renoncer à
voir la Reine ce jour-là. Le bourgeois était un petit
entêté, qui ne voulait pas reconnaître notre guide
pour un officier ; enfin, le soldé, qui avait été garde-
française, le fit taire avec mépris et nous entrâmes
dans la prison de la Reine de France.

Des officiers de la garde remplissaient la chambre
qui précédait celle qu'elle habitait, la plus grande
partie du jour. Tout représentait la gêne dont on
entourait cette malheureuse Princesse ; rien ne la
séparait de ses gardes, les portes devaient rester
ouvertes. Plus j'approchais d'elle et plus mon cœur
prenait la teinte des tristes lieux où elle demeurait.
Dans cette disposition, étant prête d'étouffer et ne
pouvant me soulager par mes larmes, auxquelles je
ne permettais pas de couler, un officier, à qui on
avait dit que des dames étaient dans l'antichambre,
sortit pour leur parler. Il me reconnut tout de suite
et, avec l'air de la satisfaction, il me dit : « Ah ! oui,
la Reine sera bien aise de voir madame de Tarente. »
La vue d'un homme que je connaissais pour un
homme d'honneur et qui lui était dévoué, me fit une

telle impression que toute ma sagesse m'abandonna
et mes larmes devinrent une espèce de soulagement
à ma douleur. Cet homme, M. Coleau, ajouta : « Je
vais dire à la Reine que vous êtes là. » — Pendant
son absence, une des femmes de la Reine (madame
Auguié) sortit et, me trouvant le plus près de la porte,
me dit bien bas dans l'oreille, avec un accent si touchant qu'il me donna bonne opinion d'elle : « Madame,
la Reine vous fait dire que tel plaisir qu'elle aurait à
vous revoir, si vous n'avez pas une permission de
M. de La Fayette, elle ne peut risquer de vous permettre d'entrer chez elle. » Il m'est impossible de dire
quel fut le sentiment qui me maîtrisa le plus. A la
porte de la Reine, il était devenu nécessaire pour ses
dames d'avoir un ordre de M. de La Fayette pour
qu'elle fût ouverte. Ayant à peine la faculté de parler,
je lui dis que nous l'avions et que je mourais d'envie
de voir Sa Majesté. Madame de Duras voulait m'empêcher de pleurer ; je ne pouvais surmonter la douleur
qui m'oppressait, et plus elle me tourmentait, plus
mes larmes coulaient. Enfin, un garçon de la
chambre (M. Terrase), témoin de mes combats et de
ma faiblesse, s'approcha de moi et me supplia de me
calmer, en considération de la Reine. « Votre état
serait trop pénible, elle ne pourrait le supporter ; il
faut la ménager et ne pas lui laisser voir tant de chagrin. Son courage est aussi surprenant que le traitement qu'elle éprouve. » Enfin, cet homme me remit
la tête, que j'avais entièrement perdue, et je suivis
M. Coleau dans la chambre de la Reine, avec des

yeux entièrement secs, mais avec des jambes si tremblantes que je crus dix fois que je ne pourrais arriver
à elle.

Elle était debout au milieu de la chambre .quand
j'y entrai. Sa contenance n'était altérée en rien et, en
revoyant des personnes toutes à elles, son visage
reprit son agrément ordinaire. Elle marcha vers nous
avec empressement et nous embrassa toutes les
trois, avec une affection qui pensa détruire toutes
mes belles résolutions. Je m'étais dit que je verrais
avec un air tranquille les insultes dont M. de La
Fayette se rendait coupable envers Leurs Majestés.
Il avait de sa propre autorité altéré totalement le
décret de l'Assemblée qui avait ordonné une garde
d'honneur pour le Roi, la Reine et leur fils, et non de
transformer leur appartement intérieur en une véritable prison, puisque la Reine avait un soldat à la
porte de sa chambre à coucher qui donnait sur l'escalier par lequel elle allait chez le Roi ou chez M. le
Dauphin. Elle ne pouvait plus monter cet escalier
sans être suivie de quatre officiers. La bonté de la Reine
fut sentie vivement par moi, mais l'impression n'en
fut pas visible, ce fut mon cœur qui se chargea de la
reconnaissance. L'officier qui nous avait introduites
voulut se retirer. « Monsieur Coleau, lui dit-elle, je
vous prie de rester ici tant que ces dames y sont. Je
vous demande pardon de l'exiger, mais c'est aussi
nécessaire pour vous que pour moi. » Et, reprenant
la conversation avec nous, elle dit à madame de
Duras : « Je n'ai pas d'excuse à vous faire de vous

revoir sitôt, vous savez que je vous ai demandé avec instance de quitter Paris pour aller trouver votre famille à la campagne, afin de vous éviter le moment de notre départ. — Pour vous, madame de La Roche-Aymon, je ne peux pas vous dire combien j'ai souffert d'être obligée de vous laisser à Paris ; je n'avais aucun moyen de vous engager à le quitter et le secret n'était pas le mien ; » puis, se retournant vers moi, qui étais assise tout près d'elle sur une petite chaise : « Pour vous, ma Princesse, vous savez si je vous dois des excuses. Si vous aviez voulu m'entendre, vous ne seriez pas ici aujourd'hui. » — Alors elle parla avec une liberté d'esprit, une sorte de gaieté, d'un interrogatoire que l'Assemblée lui avait fait subir et que, par un reste de pudeur, on appelait Déclaration de la Reine. Enfin, cette première entrevue que j'avais recherchée, souhaitée et crainte également par l'état où j'avais cru trouver la Reine, devint beaucoup moins pénible, à cause de l'agrément que sa personne répandait toujours où elle était et de l'extrême pouvoir qu'elle avait sur elle-même, qui la rendait sans cesse supérieure aux coups redoublés de la mauvaise fortune. Au bout d'une demi-heure, elle nous congédia en disant à ces dames qu'elle espérait les revoir bientôt, et elle s'éloignait, lorsqu'elle eut l'air d'avoir un ressouvenir en jetant les yeux sur moi. Je vis parfaitement son aimable mouvement et, se rapprochant de ces dames : « Je ne veux pas me séparer de vous sans vous embrasser encore une fois et vous remercier. » Elle nous embrassa de nouveau, en me faisant voir que j'étais le motif de cette nouvelle obligeance. Nous sortîmes plus facilement que nous n'étions entrées.

La Reine continua de voir tous les jours à volonté les dames de sa maison. M. de La Fayette se prêta avec peine à leur en faciliter les moyens. Pendant bien du temps il fallait se faire inscrire chez le commandant du château pour y être admis et c'était très difficile. Enfin, après une semaine ou deux, M. de La Fayette se détermina de nous donner des cartes, qu'il ne voulut pas signer, parce que, comme je l'ai dit plus haut, il avait beaucoup dépassé les ordres de l'Assemblée. Ces cartes étaient de différentes couleurs. Chaque prince avait la sienne, et elles étaient signées de la principale personne de la maison et du chef de garde qui répondait d'eux à M. de La Fayette. Celui-ci poussa la persécution et l'insolence jusqu'à mettre des sentinelles dans l'intérieur de l'appartement du Roi et de la Reine et jusqu'à faire fermer, sous prétexte de la prison de madame de Tourzel, la porte qui faisait la communication de l'appartement de la Reine avec celui de son fils, de manière que, si l'officier qui répondait de la personne de madame de Tourzel ne l'eût pas voulu, la Reine n'aurait pas pu entrer chez son fils. J'ai vu bien des fois, en allant attendre la Reine pour la suivre à la messe et me rendant chez M. le Dauphin qui était le rendez-vous, je l'ai vue attendre que le garde de madame de Tourzel, qui avait été averti de son arrivée par un coup donné dans la porte par un des officiers qui disait en même temps ces mots : « La Reine, » je l'ai vue, dis-je, attendre que cet homme eût trouvé la clef de cette porte pour la lui ouvrir. Alors elle entrait, accompagnée de quatre officiers, qui venaient avec elle de l'intérieur de son appartement. Elle se rendait chez le Roi. Leurs Majestés passaient dans une galerie où un des aumôniers du Roi disait la messe sur un autel préparé *dans une chambre*. Cette messe était la plus pénible du monde. Rarement je l'ai entendue de sang-froid. Il me paraissait qu'aux pieds des autels, je sentais plus profondément le malheur de Leurs Majestés, et cet appareil inutile d'esclavage dans l'intérieur même de leur appartement était le cachet de l'insupportable orgueil de leur oppresseur qui ne voulait et ne souhaitait que de leur faire des outrages, dans le dessein de les rendre de plus en plus méprisables au peuple et se rendre lui-même plus puissant en assurant sa popularité. Au retour de la messe, la Reine restait quelques moments chez son fils, entourée de ses gardes, qui parlaient aussi familièrement avec elle que s'ils eussent été entre eux.

Le premier jour que je vins à la messe, je trouvai M. le Dauphin dans son salon jouant à la boule avec ses officiers. Je ne savais si je pouvais ou non m'en approcher. Je me contentai donc de le regarder tristement et de loin, me réjouissant de ce que son enfance le sauvait du malheur de connaître sa position. Je m'éloignai et dans une chambre voisine je trouvai madame de Tourzel que je n'avais pas vue encore ; je courus à elle, mais cette sagesse, cette

prudence qui ne la quitte jamais, et la rend si sûre
d'elle-même, m'arrêta dans l'instant. Elle me fit voir
que je ne devais lui parler que de loin et très haut.
Effectivement, depuis peut-être huit jours qu'elle était
arrêtée dans la chambre de M. le Dauphin, personne
que son garde ne lui avait parlé. A peine la Reine
osait-elle lui demander de ses nouvelles, les premiers
jours de sa détention. Le jeune Prince passait devant
elle sans qu'il lui fût permis de lui dire bonjour. Mesdames les sous-gouvernantes n'approchaient pas
d'elle et elle ne venait entendre la messe que bien à
l'écart et loin de tout le monde, son garde tout près
d'elle. Il ne la quittait jamais ni le jour ni la nuit. La
chambre de M. le Dauphin communiquait à la sienne.
La nuit, toutes les portes étaient ouvertes, deux ou
trois officiers étaient dans la chambre de l'enfant et,
parmi ces messieurs, il y en avait de si malinten-
tionnés qu'un d'eux, honnête bourgeois, nommé
Piquet, me dit, une fois, en me montrant un de ses
compagnons de garde, nommé l'Huillier : « Cette nuit,
je veillerai assis sur une chaise à côté du lit, ma
main sur mon pistolet, et s'il fait la moindre mine, il
passera mal son temps. » — L'intention était excellente, mais ce qui en pouvait résulter me fit horreur.
Le malheureux petit Prince se trouvait livré aux
mains de ses gardes ; personne n'osait leur résister.
Voulant s'amuser dans le jardin où ils le menaient
promener, une ou deux fois par jour, ils inventèrent
le jeu de l'arrestation ; c'était l'imitation de l'horrible
outrage fait au Roi à Varennes. On n'osait rien dire

et le jeu dura quelques jours. Enfin, M. Hue, honnête homme et huissier du Roi, demanda en grâce et obtint qu'on y renoncerait.

14 SEPTEMBRE.

Quand la forme de l'acceptation de la Constitution fut arrêtée et qu'il fut décidé que la Reine, à qui le nouveau gouvernement ne donnait aucun rang et point de place dans la salle, se rendrait dans une loge avec ses enfants, pour que son fils fût témoin du serment du Roi, elle fit avertir, le même matin, une de ses dames pour la suivre, en lui commandant de me mander qu'elle n'avait pas besoin de moi, ce jour-là. Etant de semaine et persuadée qu'elle ne voulait que moi auprès d'elle, j'étais déjà occupée de me rendre aux Tuileries, lorsque je reçus le message. Il me pénétra de chagrin ; je crus apercevoir qu'elle doutait de moi, et qu'elle ne me croyait pas capable de vaincre mes sentimens intérieurs, même quand j'étais soutenue par le premier de mes intérêts, son service. Inclinée à lui désobéir, je me décidai à me rendre chez elle. Cependant, elle l'avait défendu. Je n'en eus pas le courage, et telle envie que j'eusse de partager avec elle les pénibles sensations que la vue des destructeurs du trône devait faire éprouver à cette âme vraiment grande, il fallut malgré moi me soumettre, déplorant qu'elle m'eût éloignée, le jour que je me persuadais qu'elle me souhaitait auprès d'elle. Sans autre réflexion, je lui écrivis tout de suite et je lui peignis trop sincèrement tout ce que j'éprouvais ; j'étais profondément blessée et je souffrais l'impossible. Ma lettre fut trop vive, et à tous égards déplacée. J'attendais une réponse ; elle n'en fit pas ; je fus plus fâchée, bien plus fâchée ; car je me trouvais maltraitée. La seule excuse dont j'oserai me servir est mon sentiment pour elle, dont ses malheurs avaient fait une vraie passion, et qui me fit exagérer ce qui arrivait et voir de l'injustice où il y avait de la bonté. Sans penser à ce qu'elle devait souffrir dans ce jour affreux, je devins indiscrète jusqu'au point de l'occuper de moi et méconnus parfaitement le motif de mon éloignement. Je ne pus taire un chagrin qui m'oppressait trop, et madame de Tourzel à qui j'en parlai me dit : « Vous la jugez bien mal ! Oh ! Dieu ! vous la jugez bien mal ! Elle voulait vous épargner un spectacle pénible ; elle m'a consultée et je l'ai encouragée dans son idée bienfaisante. » J'écoutais avec une sorte de plaisir, mais je ne pouvais arranger dans ma tête et bien moins dans mon cœur que je dusse lui être obligée de ce soin qui m'avait privée de la jouissance de lui faire un sacrifice. N'était-ce pas odieux de l'entendre, ce serment, et rien que le bonheur de remplir tous mes devoirs vis-à-vis d'elle pouvait me le faire souhaiter. N'était-ce pas la plus grande peine pour elle que de voir, d'entendre le Roi jurer sa destruction, et n'est-ce pas le sentiment, le besoin d'une âme aimante que de chercher le soulagement à ses malheurs, en partageant les maux qu'éprouve ce qu'elle aime ? Je disais à madame de Tourzel : « Quelle plus touchante preuve de mon attachement pouvais-je lui donner et de vouloir et de souhaiter de l'accompagner à l'Assemblée ? Je ne pensais pas à moi, je ne pensais qu'à elle ; c'est alors qu'elle m'éloigne ! » J'étais si malheureuse que je finis par le persuader assez à madame de Tourzel, pour que son bon cœur trouvât que j'avais besoin d'autres consolations que des siennes ; elle m'engagea donc à sortir avec elle et, après son dîner, quand elle fut chez la Reine chercher M. le Dauphin pour le mener chez lui où j'étais allée l'attendre, elle engagea la Reine, dont l'inclination naturelle la portait toujours vers ce qui est bon et sensible, de monter chez son fils pour me voir. Elle y vint bientôt après et, s'approchant de moi avec empressement : « Je viens vous dire, ma Princesse, que je suis malheureuse de vous avoir affligée. Vous me pardonnerez ; vous savez que je vous aime, que je compte sur vous. » Et, m'embrassant, elle ajouta : « N'est-ce pas ? vous me pardonnez ? » — Sans me donner le temps de lui répondre, elle me quitta, me laissant heureuse. Un seul mot d'elle eût détruit l'impression de mon chagrin, si la réparation ne m'en eût rendu le souvenir cher. — Dans ces moments d'effervescence et de trouble, si on était particulièrement attaché à Leurs Majestés, il fallait souffrir. Un spectacle pénible s'offrait; il était bientôt suivi d'un autre qui le surpassait.

Sous le prétexte de la fête du jour et de la joie qu'inspirait au peuple l'acceptation de la Constitution, le jardin des Tuileries était rempli de monde qui se promenait. Une foule immense se réunit et s'arrêta sur la terrasse au-dessous des fenêtres de M. le Dauphin, et paraissait souhaiter de le voir; la Reine s'y montra, son fils aussi. Ils furent accueillis aux cris de : Vive la Constitution ! Je ne pus supporter qu'elle consacrât par sa présence les hommages que le peuple rendait à sa nouvelle idole, hommages qu'elle méritait seule à tant de titres. On entendit quelques voix faibles et tremblantes prononcer : « Vive la Reine ! Vive le Prince Royal ! » d'autres : « Vive M. le Dauphin ! » La contenance de la Reine fut toujours également majestueuse et calme ; elle paraissait plutôt contente qu'abattue. La fermeté de son âme était l'égide contre laquelle venaient se briser les traits envenimés de ses ennemis. Pour moi, que rien ne retenait alors auprès d'elle, plus faible et par conséquent moins courageuse, je me retirai au fond de la chambre, renfermant dans mon triste cœur toute la douleur dont il était accablé ; ce n'était pas le Roi que le peuple aimait et bénissait, son indifférence pour sa personne était entière ; c'était l'homme qui, venant de signer volontairement, en apparence, l'arrêt de sa perte et celle de ses vrais serviteurs, avait accepté une constitution qui menait droit à l'anarchie et à tous les maux destructifs qui en sont les suites.

Le dernier jour de l'année 1791, me trouvant à côté de la Reine, je lui demandais d'agréer mes vœux. « La fin de la dernière année, me dit-elle, fut bien différente : j'avais de grandes espérances ; cette année, je n'aperçois que des malheurs et point de moyen de les éviter. » Elle me quitta brusquement, me laissant aussi frappée de son courage que pénétrée du plus amer chagrin.

1792

Depuis son arrivée à Paris, elle se promenait souvent en voiture dans la ville et, quand il faisait beau, elle descendait dans les jardins appartenant à des particuliers.

Un jour qu'elle était à Madrid, elle parla des horribles inquiétudes que lui donnaient tous les jours une quantité de lettres anonymes. Le détail de ces lettres, joint à l'histoire d'un coup de feu qu'elle avait entendu tirer comme dans sa fenêtre, — elle logeait au rez-de-chaussée sur la terrasse, — me pénétrèrent d'un si profond chagrin que je me retirai, ayant toujours eu pour principe de ne pas l'affaiblir en lui laissant voir combien l'idée de ses dangers rendait ceux qui étaient restés ses amis, craintifs et faibles. Je la quittai donc, et sans contrainte je me laissai

aller au mouvement de mon cœur, lorsque je me
sentis arrêter par le bras. C'était elle, toujours bonne,
qui venait sécher la plaie qu'elle avait ouverte. Me
prenant dans ses bras : « Ne pleurez pas, me dit-elle ;
votre Roi vous sera conservé ; c'est moi seule qui suis
menacée. »

Le hasard m'avait fait savoir l'existence et des
nouvelles des dames sous le nom desquelles était le
passeport du Roi, le jour qu'il partit pour Varennes.
J'avais envie de le dire à la Reine, parce que je savais
qu'elle les aimait et s'y intéressait ; lui procurer ce
plaisir était un grand attrait, mais, ne les lui ayant
jamais entendu nommer, je ne savais si elle ne désirait
pas qu'on crût toujours que c'étaient des noms
supposés. Enfin, enhardie par l'espoir de soulager
l'inquiétude qu'on m'assura qu'elle avait toujours du
voyage de ces dames, je me hasardai de dire un mot.
Je ne fus pas comprise, on m'ordonna de parler plus
clairement ; j'obéis, et, regardant son visage, souvent
obscurci par le chagrin, avec l'espérance d'y revoir
son expression naturelle, je le vis couvert de larmes.
Je ne puis dire de quel poids elles oppressèrent mon
cœur. Je m'accusais, je me détestais, je demandais un
pardon, mille pardons, qui étaient dus à mon repentir.
« Moi, lui disais-je, augmenter les chagrins, les
malheurs de Votre Majesté ! » — Elle voulait me
rassurer, me dire que je lui avais fait un grand
plaisir. Pouvais-je le croire ? Elle pleurait toujours ;
ses larmes, dont j'aurais voulu racheter une seule de
mon existence, coulaient encore ; enfin, ayant calmé

les premiers mouvements de cette forte impression, elle me demanda tous les détails que je savais sur les personnes qu'elle nommait les meilleures du monde. « Vous les aimeriez, me disait-elle, si vous saviez combien elles m'ont donné de marques d'amitié. » C'étaient madame de Korff et madame Singlemann, sa mère. Le Roi se servit du passeport de madame de Korff. Elle fut tout à fait bien, quand j'eus promis de lui apporter la lettre d'après laquelle je lui avais parlé. Le lendemain, je revins chez elle, et, entrant dans sa chambre, je l'entendis me dire d'aussi loin qu'elle m'aperçut, avec cet air de bonté qui lui était si naturel, mais qu'à tous les moments elle savait rendre plus agréable : « Quel bien vous m'avez fait hier ! — J'avais si mal aux nerfs ! Vous m'avez fait pleurer ; cela m'a guérie. »

QUELQUES MOTS SUR LE 20 JUIN, LE 10 AOUT ET MA SORTIE DU CHATEAU AVEC MADEMOISELLE DE TOURZEL.

Je ne puis entreprendre de raconter tous les événements marquants qui ont accompagné cette Révolution ; je puis seulement parler de quelques-uns, dont j'ai été témoin, qui ont amené à l'affreuse catastrophe du 10 août, à la destruction de la Royauté, à la République et, enfin, à tous les malheurs de l'anarchie. J'y ai pris part de plusieurs manières, comme on le verra avant la fin de ce récit.

La garde que la Constitution avait donnée au Roi était une faible barrière qu'il pouvait opposer aux factieux ; elle pouvait du moins, pour un temps, détourner les coups qu'on voulait porter à la royauté, dans la personne du Roi. On fit tous les efforts pour la séduire ; ce n'était pas difficile, la plupart des soldats étaient envoyés des départements et des troupes de ligne, mais le corps d'officiers était inattaquable ; tout entier à son Roi et à l'honneur, il avait fait au Roi le sacrifice de paraître servir sa Constitution, dans l'espoir de lui être utile ; il était décidé à mourir en le défendant. Le parti républicain, craignant que cette garde, toute faible qu'elle était, ne s'opposât à ses desseins, la dénonça à l'Assemblée comme aristocrate, et, au mépris de la Constitution qu'elle avait jurée, elle fut licenciée le 28 mai.

Le jardin des Tuileries était le rendez-vous du peuple, il insultait aux fenêtres du palais. « A bas la garde du Roi ! » criait-on. Je me souviens qu'un d'eux s'avisa de jeter un chien dans un des bassins ; alors l'attention générale se porta vers le chien et de tous les côtés on courait pour voir cette pauvre bête. On ne pensait plus à la garde, plus au Roi ; le peuple de Paris est trop léger pour être profondément méchant, mais il a toujours les vices de ses chefs. Le Roi, qui n'avait aucun moyen de résister, sanctionna le décret, dans la matinée du lendemain. La troupe sortit du

château et la garde nationale reprit les postes de la
garde du Roi. Cet événement, qui devait arriver tôt
ou tard, puisque tout prouvait qu'on voulait attaquer
le Roi, même dans ses prérogatives constitutionnelles,
nous jeta dans la plus grande consternation ; c'était
un pas de plus vers la désorganisation totale. Le Roi
resta plus que jamais en butte à tout, et sans défen-
seurs. Il ne pouvait compter sur la garde nationale :
elle a justifié l'idée qu'on s'en était faite. Le Roi et la
Reine ne sortirent plus du château. La Reine allait de
temps en temps passer une ou deux heures dans le
jardin avec ses enfants. Elle avait la bonté de m'appeler souvent pour la suivre ; l'inquiétude était conti-
nuelle au château ; on parlait toujours de rassemble-
ments, de descente des faubourgs, d'attroupements, et
tout paraissait se diriger vers le Roi et n'avoir d'autre
but que sa destruction. Enfin, le 20 juin arriva ; la
cause royale triompha pour un moment encore, la
chute du Roi fut retardée. Dès le matin, on vit le
simulacre de défense : le château fut environné de
gardes nationales, des régiments de ligne et des
Suisses. Les cours du château avaient été fermées, le
jardin de même ; la populace l'entoura, enfonça les
portes et se répandit partout. La garde nationale augmentait à chaque instant ; il entrait dans le jardin des
bataillons entiers, ayant à leur tête leurs pièces de
canon.

Avant dix heures, le Carrousel est couvert d'une
foule compacte. La gendarmerie nationale borde le
château de ce côté. L'intérieur des cours est occupé

par la garde nationale au nombre de plusieurs bataillons ; les Suisses occupent leur cour. Les deux faubourgs, dont la marche est annoncée, se grossissent
en route d'une multitude armée qui, sans s'informer
de ce qu'on allait demander au Roi, sans rien savoir,
sans rien vouloir, insouciante, furieuse et gaie, tout
à la fois menace, s'agite et chante. La porte du jardin
des Tuileries donnant sur le Pont Royal est ouverte
à midi, comme à l'ordinaire ; on se porte en foule
dans le jardin ; la garde nationale, en grand nombre,
entre par la même porte et se place sur la terrasse,
sous les fenêtres de la Reine. Les troupes de ligne
occupent la terrasse du côté de la rivière. La garde
nationale roulait à sa suite dix ou douze canons ; le
peuple, froid spectateur de ces sinistres préparatifs,
ne témoigna d'autre sentiment que celui de la curiosité. Il se précipite en foule dans le jardin ; l'ordre
est donné de refermer les portes : les badauds du
dehors s'accordent avec ceux du dedans et soudain la
garde nationale satisfait les uns et les autres en
ouvrant les portes du jardin, qui est successivement
rempli d'un grand nombre de curieux, qui se portent
de tous côtés sans projet. Les autres portes avaient
été ouvertes au même instant et de la même manière
que celle du Pont Royal. Pendant ce temps, une députation est introduite à l'Assemblée Nationale. Elle
annonce que beaucoup de citoyens armés demandent
de présenter une pétition, de la déposer sur le bureau
et de défiler sous les yeux du Corps législatif. L'Assemblée le permet, cette armée passe au milieu de la

salle pendant plus de sept quarts d'heure. Il était
environ deux heures, lorsqu'elle entra dans les Tuileries par la porte des Feuillants et vint passer par la
seconde terrasse ; (la première était fermée par un
double rang de gardes nationales.) Elle défila devant
les fenêtres du château, s'arrêtant de temps en temps,
regardant aux fenêtres et menaçant avec les poings
et les armes. Enfin, cette troupe s'écoule par la porte
du Pont Royal et, passant par les guichets du
Louvre, qui étaient gardés par un bataillon et quatre
pièces de canon, va se joindre, sur la place du Carrousel, à l'autre partie de l'armée qui venait par la
rue Saint-Nicaise.

La porte Royale, donnant sur la place du Carrousel,
était entr'ouverte ; aussitôt que l'armée des piques
paraît, elle est fermée. Cette foule menace de la
faire ouvrir en la forçant. Un des chefs, (qui est un
nègre connu), et un homme, habillé de l'ancien habit
des gardes françaises, font charger le canon, le
traînent contre la porte et engagent cette horrible
troupe à jurer, sur la lumière du canon, d'entrer dans
le château. Tous le jurent ; les haches, les crosses de
fusils frappent la porte à coups redoublés : à l'instant
les portes s'ouvrent par l'ordre d'un officier municipal.
La garde nationale n'avait reçu et ne reçoit aucun
ordre de son chef. Elle ne s'oppose à rien ; dans cinq
minutes, la cour, l'escalier, les salles de l'appartement du Roi sont remplis de vingt mille hommes,
armés de piques, de lames de couteaux, de scies, de
croissants, de faulx, de toute espèce de morceaux de

fer surmontant de longs bâtons ; ils ont traîné leur canon sur l'escalier et jusque dans la salle des Cent Suisses.

Le Roi, la Reine et la famille royale étaient passés dans la chambre de M. de Septeuil, premier valet de chambre du Roi ; ils en sortirent et rentrèrent dans celle du coucher, au moment où la porte Royale fut forcée et ils virent la cour remplie de tout ce monde, qui, peu avant, défilait avec une espèce d'ordre sous les fenêtres du château. Le Roi traversa sa chambre, et alla en avant jusqu'à l'OEil-de-Bœuf. Un garde national s'approche, le conjure de ne pas avancer davantage et de lui permettre de rester auprès de lui. Le Roi, touché de ce dévouement généreux, prie ce brave jeune homme de ne pas se séparer de lui, mais d'être calme. Madame Elisabeth le suivit. Il demanda qu'on éloignât la Reine, et, voulant s'offrir seul au danger, entouré seulement de MM. de Champcenetz, du Pujet, d'Haussonville, de Montmorin, de Bougainville, de Rougeville, de Septeuil et de quelques autres, il traversa l'OEil-de-Bœuf. Les premières portes étaient déjà forcées et les coups de haches se faisaient entendre sur la dernière qui le séparait des brigands ; déjà les éclats volaient à ses pieds ; lui seul était calme ; tout ce qui l'entourait, inquiet, troublé, eut bientôt l'épée à la main. Acloque, chef de légion, leur cria : « Point d'épées ! vous exposez le Roi. » Le Roi, avec bonté pour ceux qu'il éloignait, dit hautement : « Je ne veux avec moi que des grenadiers. » Et, prenant par le bras Acloque et Boursel, premier valet de chambre de M. le Dauphin, il s'avança jusqu'à la porte, dont les panneaux étaient déjà à jour ; le Suisse la tenait encore : « Ouvrez, » lui dit-il, d'une voix forte et assurée. — Le Suisse hésitait : « Ouvrez donc ! Je vous l'ordonne. »

Il parut presque seul au milieu de ces flots séditieux ; en un instant, il fut entouré, et la pièce fut remplie du monde qui était répandu dans l'escalier et les pièces qui précédaient. Par les soins de M. Bligny, son valet de chambre, il fut promptement joint par plusieurs grenadiers. Ils passent devant la Reine, qui leur recommande, avec cette grâce touchante qui est si séduisante en elle, de veiller sur le Roi. M. d'Hervilly, qui peut pénétrer, en amène d'autres. Au moment où la porte s'ouvrit, un scélérat, armé d'une pique, l'œil plein de rage, s'avance, en proférant d'horribles paroles contre le Roi et faisant un mouvement sinistre. M. Canolle se précipite sur le monstre et détourne le coup. Pour séparer le Roi de cette foule qui augmentait sans cesse, on le fit placer dans l'embrasure d'une fenêtre, et là, un peu élevé, entouré de dix ou douze personnes, on pouvait moins l'approcher. Presque toutes étaient gardes nationales ; un canonnier, nommé Joli, ne l'a pas quitté. M. d'Hervilly était derrière lui. M. le maréchal de Mouchy et M. Acloque se placent devant lui. Madame Elisabeth est séparée du Roi ; avec plusieurs hommes, elle se place dans la fenêtre, à côté de celle où était le Roi ; elle y reste aussi longtemps que lui. Des femmes s'avancent avec fureur, disant : « C'est la Reine ! » Elle supplie qu'on ne les détrompe pas. Son calme, sa douceur ont désarmé ces monstres, les ont forcés à l'admiration. Des cris, des hurlements se font entendre ; chaque étendard porte des menaces ; on les étale aux yeux du Roi. Sur l'un il lit : « *Quand la patrie est en danger, tous les sans-culottes sont levés.* » Sur l'autre : « *Tyrans, tremblez, le peuple français est armé.* » Sur le revers : « *Union des faubourgs Saint-Marceau et Saint-Antoine. La sanction ou la mort ! Tremble, tyran, ta dernière heure est venue !* »

On lui adresse la parole, et c'est pour l'insulter. Un jeune homme, d'une belle figure, vomit contre le Roi mille imprécations ; tous les plus horribles propos se répétaient hautement. Un ancien garde française demande au Roi avec fureur s'il veut être le Roi de Coblentz ou des Français. D'autres étendards arrivent ; il lit : « *Voici les sans-culottes.* » Des officiers de paix courent à l'Assemblée Nationale, pour l'instruire des dangers du Roi ; la séance est levée. Pendant ce temps, on présente au Roi un bonnet, au bout d'un sabre. M. Acloque le prend, le dépose aux pieds du Roi qui l'accepte ; on veut le mettre sur sa tête, en criant : « *Vivent les sans-culottes !* » Un grenadier présente des rubans ; il les accepte, la foule le presse ; étouffé par la chaleur, il témoigne le désir de boire un verre d'eau : sur le champ, un grenadier lui présente une bouteille ; il boit sans hésiter. Un autre grenadier, qui était auprès de lui, dit au Roi : « Sire, n'ayez pas peur. » — « Celui qui a fait son devoir ne connaît ni la crainte, ni le remords »... Ensuite, Sa

Majesté ajouta : « Donnez-moi votre main. » Et, la
posant sur son cœur : « N'est-il pas tranquille ? »
Un officier municipal veut parler, sa voix est étouffée.
Plusieurs membres de l'Assemblée Nationale, recueillis par les officiers de paix, MM. Vergnieux, Bigot,
Isnard, Fauchet, Hérauld, veulent se faire entendre ;
ils sont représentants de la Nation ; ils invoquent la
Constitution qu'on outrage ; ils sont rejetés. M. Santerre, l'ami et le chef de ces forcenés, peut davantage, à lui seul ; il dit : « Je réponds de la famille
royale, mais qu'on me laisse faire. » — M. Pétion
arrive ; il est accueilli avec les cris de : « Vive Pétion !
Vive le bon Pétion ! » Il pouvait être alors six heures
du soir.

Pétion adresse la parole au Roi : « Le peuple, dit-il,
s'est présenté avec dignité ; le peuple sortira de
même ; que Votre Majesté soit tranquille ! » Aucune
pétition n'est présentée au Roi, aucune demande ne
lui est faite. Tous crient à la fois et rien n'est entendu.
Le Roi rentra à huit heures. L'officier de garde de
M. le Dauphin vint avertir que les portes des salles
chez le Roi étaient forcées et que les brigands avaient
déjà été repoussés une fois aux portes de M. le Dauphin. Madame la princesse de Lamballe et madame
de Tourzel se rendirent tout de suite dans l'appartement du Roi, auprès de la Reine et de M. le Dauphin. Elles trouvèrent la Reine dans la résolution de
suivre le Roi. Le même intérêt la guidait, voulant
sauver ce qu'elle avait de plus cher. Comme le Roi
avait donné l'ordre de l'éloigner, elle donna celui

d'emmener son fils. M. Hue, huissier de la chambre
du Roi, saisit l'enfant et l'emporte dans ses bras,
suivi de mesdames de Mackau et de Soucy, sous-
gouvernantes. La frayeur arrachait des cris affreux à
M. le Dauphin. La Reine s'avance jusqu'à la porte de
l'OEil-de-Bœuf, en disant : « Qu'on me laisse passer !
ma place est auprès du Roi ; je veux le joindre et périr,
s'il le faut, à ses pieds ! » Le courage de la Reine
doublant ses forces, mesdames de Lamballe et de
Tourzel ne purent l'arracher au danger qui la menaçait, qu'étant secourues par MM. de Champcenetz,
d'Haussonville et de Rougeville, qui la ramenèrent
dans l'appartement de son fils, dont les portes extérieures étaient fermées avec des crochets et des verrous. Elle demandait, étouffée par les sanglots, qu'on
lui rendît son fils ou qu'on la laissât rejoindre le Roi.

M. le Dauphin fut ramené ; on l'avait porté dans
l'appartement de Madame sa sœur, le croyant plus
sûr que le sien ; la Reine en eut un moment d'inquiétude. Elle fut plus longtemps incertaine sur le sort du
Roi, qu'elle voulait toujours rejoindre. Enfin, MM. de
Choiseul, Stainville et d'Haussonville lui en démon-
trèrent l'impossibilité. Plusieurs minutes s'écoulèrent
sans avoir de nouvelles. Les ministres avaient suivi
la Reine dans l'appartement de M. le Dauphin.
Successivement plusieurs personnes vinrent, M. Hin-
gerlot, officier de gendarmerie, Fétard, garçon de la
chambre du Roi ; ils avaient vu le Roi ; ils assurèrent
la Reine que Sa Majesté était tranquille.

L'escalier qui mène à l'appartement de M. le

Dauphin se remplissait de monde. La Reine n'étant plus en sûreté, on l'engagea à rentrer dans l'appartement du Roi. Elle s'arrêta dans sa chambre à coucher, émue d'une si horrible scène. Elle se remet à l'instant même, sans qu'on pût voir sur son visage, ni dans sa personne, la moindre altération. Les portes qui donnaient accès dans la chambre du Roi étaient toutes fermées, même celle qui donnait dans le cabinet du conseil. C'était là qu'on préparait à la Reine un asile, au milieu de la garde nationale.

Peu de temps après, un des gens de M. le Dauphin accourut, tout effaré, avertir que la salle était forcée, la garde désarmée, que les portes de la chambre sont brisées, qu'on le suit ; on se décide à faire entrer la Reine dans le cabinet du conseil. Sa Majesté se présente avec ses enfants devant les factieux qui défilaient par cette pièce. La Reine n'a pas montré dans cette crise moins de grandeur que dans les affreuses journées de Versailles. Elle a opposé le même courage, la même contenance, aux mêmes injures et aux mêmes violences. Sa Majesté s'est assise ; la table du conseil était devant elle, et empêchait qu'on l'approchât de trop près. A sa gauche était M. le Dauphin ; à sa droite, Madame. Le bataillon des Filles-Saint-Thomas l'a constamment entourée, et n'a cessé d'opposer un mur inébranlable au peuple rugissant qui l'invectivait. La Reine était accompagnée de quelques serviteurs fidèles, de ses dames et de celles qui tiennent à l'éducation de ses enfants. Santerre, voyant les événements, est obligé de changer

de rôle, après avoir enhardi à tout oser, se charge
d'établir une sorte d'ordre et, faisant séparer les
gardes qui masquaient la Reine, et s'approchant de la
table, il adresse la parole à Sa Majesté : « Princesse,
on vous égare, on vous trompe ; le peuple vous aime
mieux, vous et le Roi, que vous ne croyez. » La
Reine répondit, avec cette fermeté qu'on admire souvent en elle : « Je ne suis ni trompée, ni égarée ; je
sais (montrant les grenadiers qui l'entouraient) que
je n'ai rien à craindre, entourée de la garde nationale. »

Santerre alors fit défiler toute cette garde en leur
montrant la Reine. Une femme s'approche et lui présente un bonnet de laine. M. de Wittenhoff le donne
à la Reine, qui l'accepte; il veut l'établir sur la coiffure
de Sa Majesté, mais il ne peut, son auguste front
n'en est point couvert. On le met sur la tête du Dauphin. Un grenadier le prend dans ses bras pour le
montrer au peuple. D'autres femmes armées adressent
la parole à la Reine : « Voici les sans-culottes ! »
D'autres encore la menacent ; de même que devant le
Roi, les mauvais propos se répètent : « Vive la
Nation ! Vivent les sans-culottes, la liberté ! A bas le
Veto ! » et cent autres cris, aussi insultants les uns
que les autres. L'armée s'écoule et, par les instances
de M. Santerre, le défilé est à sa fin.

A sept heures trois quarts à peu près, madame Elisabeth vint rejoindre la Reine, après avoir quitté le
Roi et l'assura que son courage et sa constance
avaient égalé sa force pendant les tristes événements
de ce jour. A huit heures, le Roi rentra dans sa

chambre. Aussitôt que la Reine en fut instruite, elle l'y rejoignit avec ses enfants. Elle se jette à ses genoux. Sa Majesté la tint quelque temps et ses enfants embrassés ; le Roi et la Reine avaient été séparés environ quatre heures. Le Roi était alors entouré d'une députation de l'Assemblée Nationale, de MM. de Montmorin, Albier, gentilhomme du Roi, et de quelques autres. L'Assemblée envoya trois députations successives. La dernière sortit à dix heures. Le Roi n'a jamais été plus grand que dans cette journée de mercredi. Il n'a pas témoigné la moindre émotion ; il a paru intrépide, supérieur aux efforts qu'on a faits pour dégrader la couronne. Son calme au milieu de ses bourreaux, sa patience à supporter les injures les plus grossières, son courage héroïque, sa présence d'esprit, la sérénité de son âme, la constance de son refus, cette résignation ferme et philosophique qui ne l'abandonna pas un seul instant, ont prouvé à la nation française toute sa dignité et son innocence.

M. Pétion, après avoir quitté le Roi, s'est retiré du château. Au bas de l'escalier, il a dit au peuple : « Mes amis, mes frères, vous venez de prouver que vous êtes un peuple libre et sage ; retirez-vous, et moi-même je vais vous en donner l'exemple. » Il sortit du château. La Reine conduisit elle-même les députés dans l'appartement de M. le Dauphin et leur fit voir l'état des premières portes, de celles de la chambre et même du cabinet ; trois étaient brisées, les serrures emportées, les panneaux enfoncés. Dans l'appartement de Madame, où l'on avait pénétré par celui

de M. le Dauphin, une porte ou deux étaient brisées
et toutes les armoires enfoncées. Chez le Roi, les
portes avaient été également brisées (lui-même présent), les panneaux enlevés. On n'a pas tenté d'entrer
chez la Reine ; on savait bien qu'elle n'y était pas.
Les brigands s'étaient répandus partout, dans tout le
château, jusqu'au comble et même sur les toits ; en
parcourant les escaliers, ils demandaient qu'on les
conduisît à la Reine ; c'était elle qu'ils cherchaient et
ils ne le cachaient pas. Cependant le grenadier qui
était à la porte de Madame, leur ayant dit qu'il ne les
laisserait pas passer, ils s'en allèrent en disant :
« C'est un honnête homme, qui a raison. » Les
députés ne pouvant constater le désordre qu'en en
rendant compte à l'Assemblée, mais non par écrit, on
fit venir des officiers de paix pour dresser procès-
verbal de l'état des portes. La Reine se retira à dix
heures et le Roi à onze.

Le lendemain, jeudi, des officiers municipaux,
accompagnés des officiers de paix, sont venus compa-
rer les dégâts et les procès-verbaux. M. le maire et
M. Sergent, officier municipal, surtout furent mal-
menés dans la cour royale par la garde nationale,
honteuse de la triste journée de la veille dont elle
accusait M. Pétion. La journée fut tranquille jusqu'à
sept heures. Alors le bruit se répandit que les faubourgs s'étaient rassemblés et qu'ils marchaient
contre le château. L'Assemblée nationale, instruite de
ce bruit, fait une députation au Roi.

« L'Assemblée nationale nous député vers Votre

Majesté, pour lui demander si elle a quelques craintes
sur la tranquillité de sa personne et l'assurer, si elle
était troublée, qu'elle se rendrait aussitôt auprès
d'elle. » Le Roi répondit : « On m'apprend que Paris
est calme pour l'instant ; s'il cessait de l'être, j'en
ferais prévenir l'Assemblée Nationale. Dites-lui, Messieurs, combien je suis touché de l'intérêt qu'elle me
témoigne. »

Une demi-heure après, M. Pétion est annoncé. On
le reçoit à l'instant ; il dit au Roi : « Sire, nous avons
appris que vous avez été prévenu d'un rassemblement
qui se portait sur votre château ; c'est pourquoi nous
venons vous informer que ce rassemblement est
composé de citoyens sans armes qui veulent planter
un mai. Je sais, Sire, que la conduite de la municipalité a été calomniée, et cependant sa conduite sera
connue de vous. » — Le Roi : « Elle doit l'être de la
France entière. Je n'accuse personne en particulier.
J'ai tout vu. » — M. Pétion : « Elle le sera, et sans les
mesures prudentes que la municipalité a prises, il
aurait pu arriver des événements plus fâcheux, non
pas pour votre personne, parce que vous devez bien
savoir qu'elle sera toujours respectée, » et, fixant la
personne à côté du Roi, « mais... » — Le Roi :
« Taisez-vous. Est-ce la respecter que d'entrer chez
moi armé, de briser les portes et de forcer ma garde ?
Ce qui s'est passé hier est un vrai scandale pour tout
le monde. » — M. Pétion : « Je connais l'étendue des
devoirs que m'impose ma responsabilité. — Le Roi :
« Vous êtes chargé de veiller à la tranquillité de

Paris ; allez remplir vos fonctions. » M. Pétion se
retira avec les officiers municipaux. Le matin,
l'Assemblée avait décrété une faible loi contre les
attroupements armés, qui avait été aussitôt portée à
la sanction. Le Roi avait aussi écrit à l'Assemblée
une lettre sur les événements de la veille :

« Messieurs, l'Assemblée nationale a déjà connaissance des événements de la journée d'hier; Paris en
est sans doute dans la consternation ; la France les
apprendra avec un étonnement mêlé de douleur. J'ai
été très sensible au zèle que l'Assemblée Nationale
m'a témoigné dans cette circonstance. Je laisse à sa
prudence de rechercher les causes de cet événement,
d'en peser toutes les circonstances et de prendre
toutes les mesures nécessaires pour maintenir la
constitution, assurer l'inviolabilité et la liberté constitutionnelles du représentant héréditaire de la Nation.
Pour moi, rien ne peut m'empêcher de faire en tous
temps et dans toutes les circonstances ce qu'exigeront
les devoirs que m'impose la constitution que j'ai
acceptée, et les vrais intérêts de la Nation française.

Signé : « LOUIS. »

Le même jour, jeudi 21, le Roi donna une proclamation, qui est parfaite à tous égards. A toutes les
vertus qu'il a souvent montrées et surtout pendant ses
derniers jours, il joint la générosité et un oubli total
de sa propre injure. Il n'en parle qu'en sa qualité de
représentant héréditaire de la nation.

*Proclamation du Roi sur les événements du 20 juin,
l'an 4ᵉ de la liberté.*

« Les Français n'auront pas appris sans douleur
qu'une multitude égarée par quelques factieux est
venue à main armée dans l'habitation du Roi ; a
entraîné du canon jusque dans la salle des gardes,
a enfoncé les portes de son appartement à coups de
hache ; et là, abusant audacieusement du nom de la
Nation, elle a tenté d'obtenir par la force la sanction
que Sa Majesté a constitutionnellement refusée à
deux décrets. Le Roi n'a opposé aux menaces et aux
insultes des factieux que sa conscience et son amour
pour le bien public. Le Roi ignore quel sera le terme
où ils voudront s'arrêter, mais il a besoin de dire à la
Nation française que la violence, à quelque excès
qu'on veuille la porter, ne lui arrachera jamais un
consentement à tout ce qu'il croira contraire à l'intérêt
public. Il expose sans regret sa tranquillité, sa sûreté,
il sacrifie même sans peine la jouissance des droits
qui appartiennent à tous les hommes et que la loi
devrait faire respecter chez lui comme chez tous les
citoyens ; mais, comme représentant héréditaire de
la Nation française, il a des devoirs à remplir, et, s'il
peut faire le sacrifice de son repos, il ne fera pas le
sacrifice de ses devoirs. Si ceux qui veulent renverser
la monarchie ont besoin d'un crime de plus, ils
peuvent le commettre. Dans l'état de crise où elle se

trouve le Roi donnera jusqu'au dernier moment à toutes les autorités constituées l'exemple du courage et de la fermeté qui seuls peuvent sauver l'empire. En conséquence, il ordonne à tous les corps administratifs et municipalités de veiller à la sûreté des personnes et des propriétés...

« Fait à Paris, le 21 juin 1792, l'an 4ᵉ de la liberté.

Signé : « LOUIS. »

Et plus bas : « Terrières. »

Le 21 juin, je m'étais rendue au château, à dix heures, et j'étais venue chez M. le Dauphin, à onze. La Reine fut à la messe et, depuis, je ne la quittai plus. Après la messe, elle apprit qu'une députation s'était fait introduire à l'Assemblée et qu'elle avait annoncé qu'un nombre considérable de citoyens armés demandaient de présenter une pétition, de la déposer sur le bureau et de défiler devant le Corps législatif. L'Assemblée y avait consenti. Il était environ deux heures, quand cette troupe entra dans les Tuileries ; le Roi et la Reine à peu près vers cette heure se mirent à table et firent dîner avec eux toutes les dames qui étaient là. L'armée passait sous les fenêtres du château, insultait le Roi, de la manière la plus coupable.

La Reine était enfermée dans l'appartement de son fils, ne sachant quel serait le sort du Roi. Un moment, elle fut inquiète pour son fils : je n'ai jamais été témoin de rien de plus touchant ; c'était la douleur la

plus profonde et la plus vraie... Sur les neuf heures,
le château fut libre ; je passai, moi et plusieurs
autres, une heure avec le Roi, quand la Reine fut
retirée. Je n'ai jamais remarqué une telle tranquillité,
plus de liberté d'esprit, un courage si froid ; il parla
de tout ce qui était arrivé pendant le jour, et il rappela
l'anniversaire : à ce même moment, l'année d'avant, il
était occupé de son départ, qui s'effectua dans la nuit
du 20 au 21... Deux ou trois jours après, on craignit
du tapage. Je me décidai à m'établir au château, chez
madame de Tourzel, qui voulut bien me donner une
petite chambre. Tous les matins, je me promenais
avec elle et M. le Dauphin ; on travaillait à renouer
un 20 juin. L'entreprise alors n'avait été confiée qu'aux
seuls Parisiens.

10 AOUT

Après le départ du Roi et de la Reine, je restai au
château avec madame de la Roche-Aymon, sa fille,
son fils, Pauline de Tourzel et quelques autres personnes. Dès que madame de Tourzel eut quitté sa
fille pour suivre M. le Dauphin, je priai Pauline de me
donner sa parole d'honneur de ne pas se séparer de
moi. Je lui donnai aussi la mienne. Je ne prévoyais
pas alors de quel danger nous aurions à nous sauver ;

je me réjouissais du départ du Roi; je l'avoue,
à la honte de mon jugement, je crus que cette
démarche pourrait être de quelque utilité. Le Roi
sorti du château et allant se livrer à l'Assemblée, je
voyais la paix faite et le danger éloigné; je ne doutais
pas qu'il ne revînt bientôt. Je me retirai dans l'appartement de M. le Dauphin, pour voir le Roi traverser
le jardin; je les suivis des yeux tant que je pus, en
formant mille vœux. Je fus ensuite dans la chambre
du Roi, dans le cabinet, je revins dans la chambre;
j'errais toujours, car j'étais inquiète. Enfin, un officier
de gendarmerie vint nous annoncer que le Roi, étant
arrivé à l'escalier de la terrasse des Feuillants, après
avoir été couché en joue de loin, dans le chemin,
avait trouvé une si grande foule qu'il n'avait pu
monter l'escalier. « A bas le Roi! A bas le *Veto!*
Point de femmes! » criait tout le peuple. Une députation vint chercher le Roi et permit à la Reine
d'entrer. Elle fut à la barre, le Roi à côté du président. Le Roi dit qu'il venait à l'Assemblée pour éviter
au peuple un grand crime. L'Assemblée ne pouvant
délibérer devant lui, il fut renvoyé à la barre, ensuite
renfermé dans sa première prison, la loge du *Logographe.*

Nous retournâmes dans l'appartement de M. le
Dauphin, où nous nous fixâmes; il y avait environ
deux heures que le Roi était à l'Assemblée, et il
n'était pas vraisemblable qu'il revînt sitôt. Je parlais
de l'absence du Roi avec le duc de Choiseul, je m'en
inquiétais et m'en tourmentais. Il me dit: « Je ne serais

pas étonné qu'il ne revînt pas avant huit heures du soir. » Il dit cela du ton d'un inspiré ; il me mit en colère, et cependant je fus vivement frappée. Dans la même seconde, je le fus un peu plus encore : j'entendis le premier coup de fusil ; toutes nos malheureuses têtes partirent. Où se réfugier ? Où se cacher ? Nous recommençâmes à errer dans les escaliers. Partout des coups de fusil, des coups de canon sifflaient à nos oreilles. J'ai vu mettre le feu à un canon dans la porte des Princes. J'étais dans la direction ; je me crus tuée. Je ne quittais toujours pas ma Pauline. Enfin, je suppliai ces dames de se fixer dans un endroit quelconque ; je voyais toujours le canon ; nous choisîmes la chambre de la Reine. Un de ses gens vint nous dire qu'on s'embrassait dans la cour et qu'on faisait la paix ; mais dans le même instant, les fusils recommencèrent à tirer plus fort que jamais. Nous avions avec nous quinze femmes, dont la plupart étaient dans un état horrible. Je priai qu'on fît sortir les hommes, qui arrivaient de tous côtés dans notre retraite et qui n'étaient utiles à rien qu'à nous exposer davantage. Nous nous assîmes toutes contre les murs et nous attendîmes ce que le ciel voudrait faire pour nous. Moi, j'étais toute résignée et je croyais toucher à mon dernier moment.

L'appartement fut forcé ; nous nous éloignâmes d'une chambre et nous fûmes dans le salon. Bientôt les coups de haches, de crosses de fusil, se font entendre à la première porte. J'envoyai un valet de pied de la Reine ouvrir toutes celles qui nous sépa-

raient des brigands. A l'instant, la chambre en fut
remplie. « Des armes et des Suisses ! » criaient-ils
avec fureur. « Vive la Nation ! » Je m'étais retirée
dans le fond de la chambre avec Pauline et madame
Thibaut, femme de chambre de la Reine ; j'étais asso-
ciée aux plus braves, et cependant nous tremblions
jusqu'à mourir. Un homme, d'une figure atroce,
s'écria : « Point de mal aux femmes ! Des armes et
des Suisses ! » Je ne perds pas un instant ; je saisis
cet homme par le bras et je lui dis : « Voilà une jeune
dame, une vieille et moi à qui vous allez donner tous
vos soins et vous resterez avec nous. » Il me donna
la main, cria : « Vive la Nation ! » Nous fîmes un
quatuor de bénédictions pour la Nation, dont trois
parties n'étaient pas d'accord. A côté de moi, un
homme travaillait à charger son fusil ; il déchira sa
cartouche ; je priai mon gardien de l'empêcher de
tirer, en lui disant qu'ils étaient absolument maîtres
de l'appartement et qu'ils pouvaient faire tout ce qu'ils
voulaient. — Il alla lui taper sur l'épaule : « Camarade, ne tire pas. » — L'autre cessa à l'instant ; toutes
les dames partirent et je n'en revis aucune. Je pris le
garde par un bras, Pauline par l'autre, je sortis du
salon de la Reine. Dans la salle à manger, je vis un
homme très bien mis casser la lanterne d'un grand
coup de bâton ; la glace de la cheminée était en poussière. Sous la porte, je trouvai le corps de ce malheureux homme que j'avais envoyé pour ouvrir le passage
aux brigands. C'était un des meilleurs sujets et des
plus attachés à la Reine. Dans l'antichambre, il y

avait deux de ces misérables qui mettaient en pièces
à coups de sabre un habit de livrée. Enfin, je sortis
de l'appartement, je descendis et je me trouvai dans
le jardin.

Dans un espace de cent pas, je vis quatre ou cinq
Suisses étendus. Arrivée sur le quai avec Pauline,
notre brigand nous quitta. Tous les chemins me
parurent si couverts de monde que je n'osais en choi-
sir aucun. Enfin, j'aperçus un petit sentier de terre
entre le mur du quai et la rivière. Je n'avais plus bien
ma tête, et je ne pensais pas que, s'il n'y avait personne sur ce chemin, je ne serais pas moins vue de
tous côtés. Pauline consentit à le suivre ; nous des-
cendîmes l'escalier ; je rencontrai un canonnier ; je le
priai de venir avec nous ; j'avais assez de peur, moi
seule avec Pauline. Je lui dis que nous sortions du
château ; il nous promet assistance. La moitié du
chemin se passe bien, à l'exception que je m'avise de
lui demander des nouvelles du Roi. Cette question lui
parut fort suspecte. « Pourquoi demandez-vous des
nouvelles du Roi ? Vous sortez du château, vous en
savez mieux que moi ! » Je lui répondis que le Roi
était à l'Assemblée depuis plus d'une heure et demie.

Au milieu du chemin, il y avait une petite maison ha-
bitée par des bateliers. Ces deux femmes et ce canonnier leur parurent suspects. On se jette sur le canonnier, on le désarme. Un homme se met à genoux, arme
son fusil, et à dix pas, pas plus, nous couche en joue.
Je n'ai jamais eu plus peur certainement. On nous
suivait par notre même chemin ; de dessus le quai, on

criait après nous : « Il faut les tuer ! D'où viennent-
elles ? Elles se sauvent du château ! » Les hommes
avaient cinq ou six fusils braqués sur nous ; de l'autre
côté de la rivière, on nous suivait aussi. Jamais on
n'a été dans une si mauvaise et si inquiétante position. J'eus à peine le temps de me demander ce qu'il
fallait faire [1] ; heureusement on se mit à parlementer
et nous fûmes sauvées. Deux hommes s'emparèrent
de Pauline ; elle allait devant moi ; je ne voulais pas
la perdre de vue. Remontées sur le quai, nous fûmes
rencontrées par une autre troupe. — « Où allez-vous,
camarades ? » — « Ramener ces dames chez elles. »
— Le canonnier prit la parole : « Elles sortent du
château et celle-là m'a demandé des nouvelles du Roi ;
il faut les mener au corps de garde de la porte Saint-
Honoré. » Nous voilà traversant la place Louis XV,
par un soleil et une chaleur comme je n'en ai jamais
senti. Tout le long de la place, nous vîmes des
Suisses étendus sur le pavé ; les gens qui nous suivaient étaient couverts de sang. Je souffrais l'impossible. Arrivées au bout de la place de la rue Royale,
ces misérables, qui ne faisaient que tuer depuis deux
heures, nous firent détourner de plusieurs pas pour nous
faire passer derrière une batterie qui faisait face à la
porte des Tuileries dite de l'Orangerie et dont les
canons étaient chargés.

---

1. Madame de Tarente omet une circonstance qui a été racontée
ensuite par mademoiselle de Tourzel, devenue comtesse de Béarn.
Lorsqu'elles furent couchées en joue, madame de Tarente se pla-
ça devant sa jeune compagne et dit à ces monstres : « Ménagez cette
jeune personne, qui m'a été confiée par sa mère ; tirez sur moi. »

Tout le long de la rue Royale, nous vîmes des corps morts, Suisses et autres, des chevaux aussi. Le corps de garde, porte Saint-Honoré, était fermé ; il fallut traverser le boulevard ; tout le monde était armé d'une manière effrayante. Il y avait jusqu'à des broches de cuisine. On portait aussi des petits morceaux de livrée du Roi, d'habits bleus au bout de longs bâtons. Paris faisait horreur. Enfin, nous arrivâmes rue Neuve-des-Capucins, à la section. On fit une ou deux questions et on nous dit que nous avions bien fait de sortir du château et qu'on nous conseillait de ne pas aller dans ce moment dans la rue. Un homme que je ne connaissais pas me proposa d'entrer chez lui. J'acceptai avec reconnaissance, et nous nous trouvâmes chez les meilleures gens du monde. Ils étaient les commis des contributions publiques, et nous étions dans les bureaux de ce département. Nous eûmes là des nouvelles du Roi : l'Assemblée avait prêté un nouveau serment devant Sa Majesté et le Roi n'y était pas nommé. On me laissa envoyer chez ma mère. Pauvre Pauline ! elle n'avait pas la même consolation. A deux heures, ces messieurs nous ramenèrent chez moi ; nous fîmes le même chemin par la même chaleur. Je retrouvai ma mère ; ce n'était pas la dernière inquiétude que je devais lui donner.

J'envoyai tout de suite à l'Assemblée dire à madame de Tourzel que sa fille était chez moi. On vint, tout le jour, me donner beaucoup d'avis et m'engager à la prudence. Je n'osai pas même mener Pauline à madame de Leyde, comme nous en étions convenues.

Le soir, sa mère écrivit un billet par lequel elle
ordonnait qu'elle y allât. Je l'y menai le lendemain
matin, et le lundi, 13 août, elle était venue déjeuner
chez moi, quand son frère vint la chercher pour la
mener à l'Assemblée. Elle devait aller s'enfermer au
Temple avec le Roi et la Reine. Je ne puis dire ce
qui se passa alors en moi ; je n'eus le courage ni de
partager sa joie, ni de lui dire adieu. Je restai abîmée
de chagrin, n'osant ni l'envier, ni me plaindre, mais
je sais que j'aurais donné la moitié de mon existence
pour la suivre. J'écrivis à la Reine ; je n'osai écrire :
Adieu, mais mon cœur le prononçait et c'en était bien
un. — Je restai chez ma grand'mère ; je ne pensais
qu'à la Reine, aux moyens de la rejoindre, et il n'y
en avait aucun à employer. Le lendemain du départ de
Pauline, elle m'écrivit un petit billet. C'est la dernière
fois que nous pûmes communiquer ; je ne sortais
presque pas ; je me trouvais si extrêmement malheureuse que tout m'affligeait. Je voulais souffrir ; chez moi,
j'étais trop bien. J'avais des gens pour me servir et la
Reine n'en avait plus. Elle était en prison, je voulais
aussi y être ; on peut comprendre toutes les idées qui
assiégeaient ma pauvre tête ; enfin, je n'avais plus
une autre idée que la prison. Jamais on n'a souhaité
si ardemment d'y aller. Le samedi soir, j'allai voir la
duchesse de Choiseul ; nous ne parlâmes que de la
Reine ; elle chercha à me faire entendre raison sur ce
qu'elle appelait ma folie. Elle me disait : « De quelle
utilité cela sera-t-il pour elle ? Si elle le sait, elle aura
un chagrin de plus. » J'entendais cela, mais je voulais

aller en prison. Je retournai chez moi et je n'y demeurai
pas longtemps libre.

1792

MA NEUVAINE. — ARRESTATION. — INTERROGATOIRE
ET PRISON.

Après la journée du 10 août, j'avais repris chez la
duchesse de La Vallière, ma grand'mère, l'appartement que j'y occupais avant d'habiter le château.

Le dimanche 26, j'étais sortie à huit heures du
matin pour aller entendre la messe à l'Abbaye-aux-
Bois. Sur les dix heures environ, je rentrais chez moi
avec la duchesse de Maillé. A cent pas de l'hôtel, une
bouquetière, qui s'était établie au coin des rues de
Bourgogne et de Saint-Dominique, vint dire à mon
laquais que la maison était remplie de gardes nationales et qu'il fallait m'en prévenir. Sur cet avis,
j'hésitai un moment si je rentrerais : je ne pouvais
douter que c'était à moi qu'on en voulait, mais, n'étant
pas préparée à cet événement, ma retraite devenait
bien difficile, pour ne pas dire impossible. Je pris
donc mon parti et, me présentant à la garde, je
questionnai quelques soldats sur le motif qui les avait

amenés. A peine me répondirent-ils ; je demandai le
chef (c'était un commissaire de la municipalité,
nommé Lamory). Il me montra un papier qui m'ins-
truisit suffisamment. L'ordre portait d'arrêter madame
de Tarente, ci-devant princesse, et de la conduire à
la municipalité pour y être interrogée.

On mit donc le scellé, avec une exactitude qui
employa beaucoup de temps, et, lorsque tout fut clos,
on y nomma un gardien. Madame de Maillé, qui ne
m'avait pas quittée depuis le moment de mon arrestation, se rendit dépositaire de quelques papiers que
j'avais dans ma poche, et ses soins pour moi, qui
avaient été ceux de la plus tendre amitié, ajoutaient
encore au chagrin de me séparer d'elle. Cependant ma
mère qu'on avait fait avertir sans que je l'eusse ordonné,
accourut auprès de moi. Quelle entrevue ! et comment
exprimer tout ce que je sentis dans un pareil moment !
J'eus la force de résister au mouvement qui m'entraînait auprès de ma grand'mère. J'avais à ménager son
âge et sa santé ; je voulus lui épargner cet adieu et
je partis sans la voir.

Je montai dans ma voiture, avec le commissaire de
la municipalité et deux de la section pour me rendre
à la mairie. La garde qui s'était emparée de la maison
se retira à l'instant où j'en sortais. Je fus menée au
comité de surveillance et de salut public. Je ne fus
d'abord admise que dans l'antichambre. J'attendis
trois heures que le dîner de ces messieurs finît.
Plusieurs d'entre eux, sans prendre garde à moi,
passaient et repassaient sans cesse. Je me plaignis à

plusieurs reprises de la manière dont on me faisait
attendre. Je demandai qu'on hâtât le moment de m'interroger : on me répondit assez mal, ou point du tout.
Enfin, un des membres du comité (M. Chancy, sur
lequel j'aurai occasion de revenir souvent), ne trouvant
apparemment aucune bonne excuse à donner, s'en tira
par une mauvaise plaisanterie dont il eut l'air très
satisfait : il me répondit que je ne trouverais parmi
eux que d'honnêtes sans-culottes. Je répliquai avec
humeur que, pour ce qu'on avait à me dire, il était
inutile de me retenir si longtemps. — « Vous vous
trompez, madame de Tarente, on vous demandera
plus de choses que vous ne pensez. »

Cependant, je recommençai mes plaintes et je
hasardai de lui dire, (car il m'inspirait déjà moins de
répugnance que les autres ; on verra que c'était un
pressentiment ;) je lui dis donc que tout cela m'en-
nuyait beaucoup, que cette attente était aussi ridicule
pour eux que désagréable pour moi, et qu'enfin, leur
dîner étant fini, je ne pensais pas qu'ils eussent rien
de mieux à faire que de m'interroger. Je ne sais si ces
instances, prononcées d'un ton décidé, produisirent
quelque effet sur l'esprit de ces messieurs, mais, peu
de minutes après, je fus introduite dans leur antre.
J'avoue qu'en y entrant, je me sentis saisie d'effroi.

La chambre est un carré long ; il y a une fenêtre au
bout et une autre sur le côté. Au milieu était un bureau
couvert de papiers. A l'extrémité, sous la fenêtre,
était assis, seul à une table, un des membres du
Comité qui écrivait, quand il ne me faisait pas l'hon-

neur de me regarder. Sur la longueur et à ma gauche, il y avait une autre table à laquelle siégeait le secrétaire qui posait les questions. On m'avait fait asseoir presque à la porte, au bout du bureau, sur lequel je pouvais m'appuyer. Ces messieurs en occupaient les deux côtés, et j'en avais un à ma droite, dont le regard me glaçait d'épouvante.

L'interrogatoire dura plus de deux heures ; il porta en entier sur la Reine, sur madame la princesse de Lamballe, sur madame de Tourzel et sur les personnes qui étaient au château, la nuit du 9 au 10 août.

Dans la foule de questions qui me furent faites, il y en avait de si insignifiantes, d'autres si ridicules, qu'elles ont pu échapper à mon souvenir, et je ne peux retrouver ici que celles dont l'importance ou la perfidie s'est gravée dans ma mémoire.

Interrogée : Quel est son nom et ses qualités.

A répondu : S'appelle Louise-Emmanuelle de Chastillon de Tarente.

Interrogée : Depuis quand elle a vu madame de Lamballe, avant le 10 août.

A répondu : Qu'elle a dîné chez elle le 9, qu'elle y a passé la journée, qu'elle y a joué au trictrac avec elle toute la soirée.

Interrogée : Qui a dîné chez madame de Lamballe.

A répondu : Des personnes de ses amies.

Interrogée : Qui sont ces personnes.

A répondu : Qu'elle ne se souvient pas de leurs noms.

Alors messieurs du Comité me témoignèrent toute

leur indignation de ce que je ne voulais pas nommer les personnes. Peu accoutumée à feindre et à avoir rien à cacher, je dis étourdiment que, réellement, je n'en savais rien, puisqu'y dînant souvent et toujours avec les mêmes personnes, je ne me souvenais pas de celles qui y étaient ce jour-là plutôt qu'un autre.

On ne trouva pas que cela fût vraisemblable : je persistai. Sur cela, l'homme au mauvais regard, qui siégeait à ma droite, (M. Martin, qui fut constamment le plus acharné de mes ennemis), insista, avec un plaisir inouï, pour qu'on revînt sur la question : il espérait par là me faire nommer les personnes, et il dicta ainsi :

Interrogée : Sur ce qu'elle convient qu'elle dîne souvent chez madame de Lamballe, avec les mêmes personnes, sommée de les désigner nominativement et de répondre : qui était à sa droite, qui était à sa gauche.

A répondu : Madame de Lamballe était à ma gauche; à ma droite, je ne m'en souviens pas.

J'avais moi-même tendu le piège, mais je ne m'y laissai pas prendre. J'aimai mieux paraître inconséquente, et me voir accusée de manquer de bonne foi que de compromettre un autre en le nommant, et je serai justifiée d'avoir eu le courage de me taire et de m'exposer à souffrir, puisque je n'aurais pu nommer que messieurs de Choiseul et de Vioménil. En entendant ma réponse, M. Martin se lève; il était pâle de colère et, d'une voix terrible, accompagnée d'un geste menaçant, il essaya de m'intimider en disant : « Vous voulez donc éprouver le sort de mesdames de Lamballe et de Tourzel? Si elles avaient voulu dire ce qu'elles savaient, elle seraient en liberté : leur résistance les a perdues ; la vôtre, madame, vous perdra de même. » — A ce discours, M. Chancy avait ajouté : « Un seul a eu de la bonne foi (c'est M. Hüe, huissier de la chambre, dont il voulait parler); il a été remis en liberté ; il a voulu retourner au Temple, on l'en a laissé le maître. » — Je ne répondis pas un mot. Les menaces qu'on m'avait faites m'apprenaient à connaître les gens auxquels j'avais affaire et je m'observai davantage.

Interrogée: Quelle a été la conversation pendant le dîner.

Cette question fut une de celles qui m'ont le plus embarrassée. Il n'y avait pas eu de conversation générale; d'ailleurs j'étais arrivée à moitié du dîner. Cependant il fallait répondre une chose quelconque à des gens déjà courroucés contre ma mauvaise mémoire.

A répondu: Qu'on avait beaucoup parlé du message de M. Rœderer à l'Assemblée nationale, lorsqu'il était venu lui annoncer les troubles qui se préparaient et qui pourraient éclater dans la nuit, si l'Assemblée ne prenait pas les mesures nécessaires pour les arrêter.

Interrogée: Quel est l'effet que cette nouvelle a produit sur les personnes qui étaient à dîner.

A répondu: Qu'elle n'avait vu que craintes pour la famille royale et inquiétudes pour la tranquillité publique.

Interrogée: Si on ne s'était pas entretenu des moyens de défense et si on ne les avait pas calculés.

A répondu: Qu'elle n'avait rien entendu dire qui eût rapport à cela.

Les questions devenaient plus pressantes ; elles demandaient des réponses moins équivoques, et cependant elles se faisaient coup sur coup. Tout le monde parlait à la fois ; c'était un bruit à devenir sourd. Chacun disait son avis sur la manière dont je répondais. On voulut absolument que je parlasse dans le sens qui convenait à leurs vues, et, pour les forcer, tous les moyens devenaient bons. On se réservait en dernier celui de me faire peur ; on se contenta pour le moment de chercher à m'embarrasser, et l'on y réussit si bien que je ne savais plus ce que je disais ; il me resta pourtant assez de tête pour juger de ma mauvaise position. Je fis rayer d'autorité une réponse dont je n'étais pas contente, car elle n'avait pas le sens commun ; je demandai du silence et je leur dis : « Votre projet, messieurs, n'est pas de me troubler ; je le suis cependant autant qu'il est possible, je vous en fais l'aveu, et comme sûrement ce ne peut être votre intention, je vous demande quelques moments de tranquillité. » — Tous se turent : cinq ou six minutes s'écoulèrent et l'on reprit ainsi :

Interrogée: Si madame de Lamballe n'avait pas vu la Reine dans la journée du 9, soit dans les appartements de la Reine ou dans le sien.

A répondu : Qu'elle n'a pas quitté madame de Lamballe de toute la journée ; que, le soir, elle est montée avec elle chez le Roi et qu'elle n'a pas vu la Reine.

Interrogée: Si elle-même n'a pas vu la Reine dans la journée du 9.

A répondu: Que non.

Interrogée: S'il n'y avait pas d'officier Suisse à dîner chez madame de Lamballe, et si elle n'en avait pas vu chez elle dans la journée et la soirée du 9.

A répondu: Qu'elle n'en avait pas vu chez madame de Lamballe.

Interrogée: A quelle heure elle est montée dans l'appartement du Roi.

A répondu: A minuit.

Interrogée: Quelles sont les personnes qui ont passé la nuit dans l'appartement du Roi. Sommée de les désigner nominativement et de se recueillir pour donner sa réponse.

Je pouvais nommer cent personnes; mais j'étais bien résolue à n'en nommer aucune. Je me recueillis donc un moment. Dans ce court intervalle, un de ces messieurs, voulant se montrer plus humain, me dit, d'un air qu'il aurait bien voulu que je prisse pour celui d'un bon homme: « C'est bien désagréable; je conçois que votre délicatesse souffre; mais, pour peu que vous le vouliez, vous serez bientôt débarrassée de nous. »

A répondu: Qu'elle avait vu chez le Roi plusieurs personnes de la maison, les ministres, quelques officiers municipaux et M. Rœderer.

A ce nom, messieurs du Comité voulurent bien s'occuper de lui, et s'expliquèrent sur son compte, de manière à ne laisser aucune espèce de doute sur le mépris dont il est également couvert dans l'un et l'autre parti.

Interrogée : Si MM. de Mailly [1], de Puységur et de Vioménil n'étaient pas dans le cabinet du Roi.

A répondu : Qu'elle n'en sait rien.

Interrogée : Qui a suivi le Roi, lorsqu'il est descendu faire la revue dans les cours et dans le jardin, et si on n'a pas crié : Vive le Roi ! Vive la Reine ! Au diable la Nation !

A répondu : Qu'elle ne sait pas qui a suivi le Roi ; qu'elle n'a pas entendu crier : Vive la Reine !

Interrogée : Si M. Rœderer n'a pas donné l'ordre de repousser la force par la force.

A répondu : Qu'elle l'ignore.

Interrogée : Pourquoi elle a passé au château la nuit du 9 au 10 août.

A répondu : Parce qu'elle le croyait aussi sûr que tout autre endroit, et que d'ailleurs elle y logeait.

Interrogée : Pourquoi elle croyait le château si sûr : qu'elle en connaissait donc les moyens de défense.

A répondu : Qu'elle n'en avait aucune idée, mais que, comme dame du Palais de la Reine, elle était restée cette nuit près de Sa Majesté.

C'est alors qu'ils eurent l'air d'apprendre que j'étais dame du Palais et ils ajoutèrent à mon nom ce titre, qui y avait été oublié.

Interrogée : Si elle a vu le Roi et la Reine partir

---

1. Augustin-Joseph de Mailly, marquis d'Haucourt, maréchal de France, mort sur l'échafaud révolutionnaire, à Arras, le 23 avril 1794.

pour l'Assemblée et quelles étaient les personnes qui
les y ont suivis.

A répondu : Qu'elle n'était pas alors avec Leurs
Majestés et qu'elle n'avait rien vu.

A cette réponse, messieurs du Comité voulurent
encore suspecter ma bonne foi, et cependant je n'avais
dit que la vérité. Mais M. Martin, qui portait toujours
la parole, lorsqu'il s'agissait de faire d'insidieuses
observations, me dit : « Vous êtes donc bien peu
curieuse ; car la simple curiosité aurait dû vous faire
approcher. » — Je lui répondis que, n'ayant pas reçu
l'ordre de la Reine pour la suivre, je n'avais pas cherché à voir les personnes qui avaient été plus heureuses que moi, en restant auprès d'elle.

Interrogée : Pourquoi elle était restée au château
depuis le départ du Roi.

A répondu : Qu'elle avait cru de son devoir d'y
attendre le retour de la famille royale ; qu'elle avait
espéré que la démarche du Roi, en se rendant à l'Assemblée, allait ramener l'ordre dans la ville et au château ; que le Roi, qui n'avait pas dû présumer l'impossibilité d'y rentrer, avait dû nécessairement y
laisser les personnes attachées à son service ; qu'elle
y était restée sans crainte, et qu'elle n'avait commencé à être avertie de son danger personnel, qu'en
entendant les premiers coups de fusil.

Interrogée : Où elle était quand on a commencé à
tirer et si les Suisses n'ont pas tiré les premiers.

A répondu : Qu'elle était dans l'appartement de la
Reine et qu'elle n'avait rien vu.

Interrogée : Comment elle était sortie du château.

A répondu : Qu'elle avait été sauvée par des citoyens qui l'avaient conduite sur le quai.

Pendant ces dernières questions sur le départ du Roi, sur l'attaque du château, sur la durée du feu, les membres du Comité s'agitaient avec fureur. Un d'entre eux, après avoir célébré la générosité du peuple, s'emporta en invectives atroces contre le Roi ; rien ne fut épargné : jurements, menaces, imprécations, projets effrayants de vengeance, de supplices pour le punir de tous ses crimes ! — « Il avait voulu faire égorger le peuple, assassiner tous ceux qui étaient à son service ; il n'avait pas même épargné les femmes. » — Tous les autres se joignirent à lui, et pendant une demi-heure que dura cet accès de rage, on ne peut imaginer tout ce que j'ai entendu.

Abîmée de douleur, cachant dans mes mains mon visage baigné de larmes, et n'osant regarder, ni proférer une seule parole, je dévorais mon tourment ; mais, cherchant à rasseoir mes idées, je saisis le moment où leur fureur commençait à se calmer et je leur dis, d'une voix étouffée, que la preuve même des intentions pacifiques du Roi était celle d'avoir laissé les femmes au château ; car qu'aurait-il gagné à les faire assassiner ? — A cette observation, toute simple qu'elle était, pas un d'eux ne put répondre, et le silence se rétablit.

Interrogée : Depuis quand elle a vu madame de Tourzel.

A répondu : Qu'elle l'avait vue le 9 au déjeuner.

Interrogée : Qui était au déjeuner et ce qu'on y avait dit.

A répondu : Que madame de Tourzel y était et qu'on avait parlé de choses si indifférentes qu'elle ne peut pas s'en souvenir.

Un de ces messieurs me dit d'un air très fin : « Un jour comme celui-là, madame, on ne doit pas avoir dit un mot dont on ne se souvienne. On voit bien que vous ne voulez pas faire connaître le sujet de la conversation. » — J'observai que ce jour-là, qui était le 9 au matin, on était encore assez tranquille au château pour pouvoir y parler d'autre chose.

Interrogée : Depuis quand elle a cessé d'avoir des relations avec mesdames de Lamballe et de Tourzel.

A répondu : Depuis la journée du 10.

La prudence qui me prescrivait de ne compromettre personne m'avait dicté cette réponse, qui n'était pas vraie, puisque j'avais continuellement reçu des billets pendant les trois jours que la famille royale fut à l'Assemblée, et même un du Temple, que Pauline de Tourzel me fit parvenir.

Interrogée : Si elle avait eu connaissance du départ du Roi, l'année précédente, et s'il ne lui avait pas été proposé d'être du voyage de Varennes.

A répondu : Qu'elle n'avait eu aucune connaissance du départ, et qu'il ne lui avait été fait aucune proposition sur le voyage.

Cette question fut la dernière qu'on me fit ; on me lut mon interrogatoire et on me fit signer.

Pendant que ces messieurs restaient à délibérer sur

ce qu'ils feraient de moi, on m'avait ramenée dans la chambre où j'avais attendu si longtemps. J'étouffais, j'avais besoin de respirer. Je courus au corridor. Le matin, on m'avait permis d'y aller; le soir, on m'en refusa l'entrée. J'eus beaucoup de peine à l'obtenir ; cependant j'étais environnée de gardes et autant sur-veillée qu'un prisonnier peut l'être. Mais quel fut mon étonnement et ma joie d'apercevoir mon beau-frère, à l'autre extrémité du corridor, à l'instant où j'y entrais ! Je courus à lui en l'appelant « Mon frère », et cet empressement ayant paru suspect, il devint, dans le second interrogatoire que je subis le lendemain, le sujet de dix ou douze questions, plus impertinentes les unes que les autres ; et lorsque ensuite on me con-duisit à l'Abbaye, il alla prendre ma place à l'interro-gatoire. Il y fut plus heureux que moi, car on le remit en liberté, mais il n'en profita que pour me servir avec toute la chaleur de l'amitié.

Une demi-heure s'était écoulée lorsqu'on vint m'annoncer que je pouvais demander ma voiture et que j'allais être reconduite chez moi pour la levée des scellés. Je n'en avais aucune inquiétude, rassurée par la précaution que j'avais prise de brûler jusqu'aux papiers les plus indifférents. Je montai dans ma voi-ture avec le secrétaire (M. Chancy), M. Martin, le plus malveillant de ceux qui composaient le Comité, et un gendarme national. Ne pensant qu'au bonheur de me retrouver au sein de ma famille, j'imaginais qu'après l'examen de mes papiers, j'allais être débar-rassée de tous ces importuns. Arrivée chez ma grand' mère, on me laissa monter chez elle, mais je ne pus entrer dans sa chambre qu'avec le cortège d'un prisonnier. Le gendarme s'assit familièrement dans un fauteuil ; M. Martin ne dit pas un mot et eut constamment le chapeau sur la tête ; M. Chancy fut très poli, parla debout et le chapeau à la main.

On vient avertir ces messieurs que les commissaires de la section dont ils avaient besoin venaient d'arriver. On me fit descendre. Le secrétaire commença le procès-verbal. On me demanda ce qu'on allait trouver chez moi. Je répondis qu'on n'y trouverait que la correspondance de deux de mes amies, antérieure à la révolution, des papiers publics, le *Journal des Jacobins*, celui de Brissot, de Gorsas, la *Gazette de Paris*, l'*Ami du Roi*. — Il me fut facile de remarquer que ces deux derniers me faisaient tort dans l'esprit de ces gens-là, mais je leur dis en riant qu'il fallait bien connaître les opinions de l'un et de l'autre parti. M. Martin fit la grimace. On me demanda ensuite si je n'avais pas de correspondance avec aucun émigré (la plus grande partie de la famille de mon mari était émigrée ; plusieurs de la mienne l'étaient aussi.) Je répondis que non. On commença la levée des scellés par un grand carton dans lequel on trouva mes journaux et quelques brochures aristocratiques qui fournirent à ces messieurs l'occasion de placer quelques mots pleins de zèle et de patriotisme. Au fond de ce carton ils trouvèrent le *Missel de Paris*, en je ne sais combien de volumes : au premier qui tomba sous la main de M. Martin, il le rangea avec indifférence ; au second, un air sardonique vint

encore enlaidir ses traits, mais au troisième, il ne put
contenir son insolence, et il me dit: «C'est ici comme
au Temple, où il en faut tous les jours un nouveau à
la sœur de Marie-Antoinette.» — Ensuite il passa à mon
secrétaire ; il avait pris une chaise et s'en était approché au plus près qu'il avait pu. Quatre bougies l'éclai-
raient et ne suffisaient pas ; il s'était saisi des papiers
qu'il avait trouvés ; il les remuait, les retournait ; ses
mains n'allaient pas assez vite au gré de sa méchanceté.
Je lisais dans ses yeux l'ardeur à découvrir un complot,
et le dépit de ne rien trouver. Je le regardais, dans le
silence de la colère. J'aurais voulu l'anéantir d'un de
mes regards.

Pendant que ce méchant homme procédait avec un
pareil acharnement, M. Chancy s'était emparé des
lettres dont j'ai parlé, et en faisait une revue très
superficielle, lorsque, tout à coup, M. Martin, me
montrant un papier qu'il venait de saisir, me dit, d'un
ton de voix effrayant :

« De qui, madame, est ce billet ? »

Répondu : « C'est de madame de Lamballe. »

« D'où l'a-t-elle écrit ? »

« De l'Assemblée. »

« Voilà donc comme vous n'avez pas de correspondance avec ces dames depuis que vous en êtes séparée ! »

J'avais bien reconnu le billet entre ses mains. Je
demandai à le voir : on me le donna (heureusement
il n'y avait pas de date). Je dis qu'il avait été écrit le
10 ; ce qui se trouvait conforme à mon interroga-

toire. Ce violent inquisiteur trouva encore un billet de M. de Tourzel à sa sœur.

« Pourquoi, dit-il, un billet adressé à mademoiselle de Tourzel se trouve-t-il dans vos papiers? »

« Parce qu'elle a passé avec moi la journée du 10, et qu'apparemment, elle a reçu le billet dont je n'avais aucune connaissance. »

« De qui sont ces trois lettres, datées de Bruxelles? Madame, cependant, nous avait assuré qu'elle n'avait point de correspondance avec les émigrés. »

Pendant qu'il parlait, je reconnaissais entre ses mains trois lettres de ma sœur que je savais bien ne renfermer que des témoignages d'amitié; mais elles avaient malheureusement échappé à la recherche que j'avais faite de mes papiers. Je répondis :

« Elles sont de madame de Crussol, ma sœur. »

« Madame veut-elle bien les signer? » — Je les signai et M. Martin, avec une joie insultante, mit ces lettres dans sa poche.

Successivement on rompit les scellés, et cette opération touchait à sa fin, lorsqu'on vint dire à mon beau-frère qu'il fallait me préparer à retourner à la mairie. Ma patience était à bout, mes forces étaient épuisées et la résignation commençait à me manquer.

On vint avertir pour le souper. Lorsqu'on fut sorti de table, M. Chancy entra dans le salon et s'adressant à moi :

« Comment vous trouvez-vous, madame de Tarente? »

« Assez bien, monsieur, à la fatigue près. »

« Cela n'est pas possible, madame, vous venez de vous trouver mal. »

J'avoue que, me méprenant à son intention, je crus que cet homme voulait m'insulter. C'était trop d'ajouter encore l'ironie à tout ce que j'avais souffert, et d'un ton d'humeur :

« Je suis très bien, monsieur, je vous le répète. »

Alors il me dit en baissant la voix : « Il faudrait que vous revinssiez le soir à la mairie, vous êtes fatiguée et je désire vous éviter la peine d'y passer la nuit. » (Et d'un ton plus haut) :

« Restez chez vous, madame ; nous y laisserons le gendarme qui vous a amenée, et demain on vous redemandera. »

J'acceptai ; on fit ensuite la lecture du procès-verbal, on le signa pour moi à cause de ma maladie, et ces messieurs, en se retirant, m'annoncèrent qu'ils m'enverraient chercher le lendemain.

Je restai dans cette triste attente qui me tint éveillée toute la nuit : j'étais encore tourmentée d'inquiétudes sur le billet que Pauline de Tourzel avait oublié chez moi et qui pouvait compromettre son frère ; dès le matin j'avais envoyé l'avertir, on ne l'avait pas trouvé chez lui ; le hasard me l'amena. Je lui racontai comment on s'était emparé de son billet, je lui rapportai ce qu'il contenait, et je le pressai de se retirer au plus tôt, dans la crainte qu'on ne revînt chez moi, pendant qu'il y était encore. Je n'avais plus entendu parler de mon garde : il n'avait pas quitté la cuisine, qui lui parut toujours le meilleur poste de la maison : j'avais ordonné qu'on le nourrît bien et qu'on lui donnât tout ce qu'il demanderait. Vers une heure, l'inquiétude le prit, il voulut s'assurer si j'étais dans mon appartement ; je lui donnai ma parole que je ne sortirais pas et que, s'il prévoyait que ces messieurs dussent tarder à venir, il pouvait lui-même et en toute sûreté vaquer à ses affaires ; mais il me répondit franchement qu'il se trouvait bien où il était et qu'il y resterait.

La matinée se passa sans que je reçusse aucune nouvelle du Comité. Ma mère ne m'avait pas quittée ; ses amis et les miens vinrent me voir : un d'eux s'offrit pour m'accompagner à la mairie (c'était M. d'Anlezy). Quelque sensible que je fusse à ce témoignage d'attachement, mon sort me paraissait alors si incertain, que j'aurais voulu lui sauver le désagrément de me conduire jusques à la prison, que je commençais à regarder comme inévitable ; mais, voulant en même temps éviter à la sensibilité de ma mère le pressentiment que j'en avais, je me décidai à accepter ses offres.

On venait de se mettre à table, lorsqu'un garde arriva, portant l'ordre de me conduire à la mairie, à cinq heures. Je fis un effort sur moi-même pour paraître tranquille (au moins, en eus-je l'apparence) et, pendant le dîner, auquel ma mère avait retenu quelques-uns de nos amis, elle affecta de parler d'autre chose que de ce qui l'occupait. J'avais l'imagination remplie des plus sombres idées ; celles de ma mère ne différaient guère des miennes, mais la crainte de nous

affliger mutuellement nous donna la force de nous
taire. A peine eûmes-nous celle de nous embrasser et
de nous dire adieu. Je m'élançai dans ma voiture, et,
à cinq heures, j'arrivai à la mairie.

Je me retrouvai dans cette même chambre, où j'avais
été la veille, mais elle était bien différente : il y régnait
le plus profond silence. M. Dugazon, valet de comédie,
s'était transformé en général d'armée, et, se croyant
plus habile que Turenne, il raisonnait sur la prise de
Longwy, de manière à faire croire qu'il chargeait
encore son nouveau rôle. Il eut pourtant assez d'égard
pour ne pas nous regarder : il se contenta de nous
étourdir, pendant que cinq ou six hommes, aussi fous
que lui, paraissaient l'écouter avec admiration.

Il y avait dans cette même chambre des malheureux, que j'y avais laissés la veille. Des femmes,
abandonnées à l'horreur de leur situation, étaient là
depuis cinq jours. J'y remarquai un homme, pâle et
défiguré, qui attendait depuis le même temps ; un
autre était détenu, sans qu'on en sût le motif. Il
fallait avoir des papiers qu'on ne retrouvait point et
il se plaignait de languir dans une attente pire que la
mort. Et voilà la justice qui s'exerce en France,
depuis qu'il n'y a plus de Roi, de religion, ni de loi !

Il était six heures, quand je fus introduite dans
l'atelier où se forge le crime; car il fallait en trouver
là où il n'y en avait pas ; il fallait des preuves pour
condamner madame la princesse de Lamballe, et elle
n'a succombé sous la fureur du peuple que parce
qu'elle ne pouvait tomber sous le glaive des lois :

illustre et malheureuse victime de sa fidélité à la
famille royale et d'un courageux dévouement, qui
assure à son nom l'immortalité.

Je me retrouvai à la même place, entourée des
mêmes personnes et dans une situation à peu près
semblable à celle de la veille, avec cette seule dif-
férence qu'il y avait une élection, pour laquelle ces
messieurs sortaient et rentraient alternativement.
J'avais étudié mes juges, je m'étais fait quelques idées
de leur caractère moral, (j'aurais dû dire de leur im-
moralité;) car, au lieu de la justice, sévère, mais
humaine, et qui se plaît à absoudre plutôt qu'à punir,
je n'avais trouvé parmi eux qu'injustice et malveillance ;
j'avais vu la méchanceté et la perfidie s'aider mutuellement pour tendre des pièges à l'honneur, égarer la
bonne foi, et arracher des aveux qu'ils voulaient faire
servir à leurs criminelles intentions.

Ce second interrogatoire ne m'est pas aussi présent
que le premier. J'étais déjà accoutumée et comme
familiarisée avec les questions d'un pareil tribunal ;
j'en étais moins frappée.

Interrogée : Si elle reconnaît les papiers qu'elle a
signés la veille.

A répondu : Oui.

Interrogée : Sur ce qu'elle a donné des renseignements relatifs à la nuit du 9 au 10, et ce qu'elle en
a dit.

A répondu : Qu'elle n'avait pu donner des renseignements sur des choses qu'elle ignore.

Le secrétaire du Comité, M. Chancy, qui paraissait

souffrir de la torture qu'on me faisait éprouver, interrompant ma réponse, me dit, en me donnant les lettres : « Vous vous trompez, madame de Tarente ; ces lettres prouvent le contraire. » — A l'instant même, M. Martin me les arracha des mains avec fureur, dans l'espérance que je ferais quelque mauvaise réponse, dont il prendrait avantage. — « Eh bien ! me dit-il, vous n'avez donc pas de correspondance avec les émigrés, comme vous nous en avez assurés hier, en arrivant chez vous ? » — « Ma sœur peut-elle être comptée pour moi au nombre des émigrés que j'ai entendu désigner ? » — « Vous dites qu'elle est à Bruxelles ; elle n'y est pas, je le sais. » — « Il serait plaisant, répondis-je en riant, que vous voulussiez m'apprendre où elle est. » — Je m'étais rappelée, pendant la nuit, que les lettres de ma sœur n'étaient que l'expression de son inquiétude sur les dangers que j'avais courus le 10 août, et je n'en fus pas plus troublée.

On en vint au billet de madame la princesse de Lamballe. Je le transcris ici, pour qu'on juge mieux de ce qu'il fallait pour effaroucher un membre du Comité de surveillance :

« J'ai lu à la plus courageuse des amies votre
« billet, ma chère petite ; elle me charge de vous
« assurer de son amitié. Nous pensons à vous.
« Envoyez-moi, je vous prie, une chemise ; depuis
« deux jours je ne me suis pas déshabillée. Je vous
« embrasse de tout mon cœur. »

Le commencement du billet devait les occuper

plus que le reste ; à mon grand étonnement, il n'en fut pas dit un mot.

Interrogée : Si elle connaît ce billet et de qui il est.

A répondu : Qu'elle le reconnaissait pour être celui de madame de Lamballe.

Interrogée : Quand et comment elle le reçut.

A répondu : Qu'elle le reçut dans la journée du 10 et qu'il lui fut apporté par un de ses gens.

Cette réponse n'était pas vraie ; on verra tout à l'heure comment il me parvint.

Interrogée : Où était madame de Lamballe, lorsqu'elle reçut son billet.

A répondu : A l'Assemblée Nationale, dans la loge du *Logographe*, où elle avait suivi le Roi et la Reine.

Interrogée : Comment, étant à l'Assemblée, elle avait pu demander une chemise ; car on ne se déshabille pas à l'Assemblée.

Je ne m'attendais pas à une pareille objection, et elle me parut si ridicule que je me mis à leur raconter, en me moquant d'eux, ce qu'ils savaient mieux que moi du logement préparé pour la famille royale aux Feuillants, où je supposais qu'on avait pu changer de chemise. Apparemment que cette explication leur parut bonne, car ils ne parlèrent plus du billet. Il m'avait été remis dans la soirée du 11 par un garde national de ceux qui avaient revêtu cet habit pour tâcher d'être utiles au Roi. Madame la princesse de Lamballe l'avait chargé de venir me donner des nouvelles de la Reine et des siennes. Je l'ai retrouvé, depuis, prisonnier à l'Abbaye, et je crois acquitter ma reconnaissance envers lui en le faisant connaître. C'était M. Lalain, ancien premier commis des bureaux de la guerre.

On passa au billet de M. de Tourzel [1] à sa sœur, et qu'elle avait laissé chez moi.

Interrogée : Où était M. de Tourzel, quand il avait écrit ce billet.

A répondu : A l'Assemblée, où il avait été rejoindre sa mère.

Interrogée : Pourquoi un billet de M. de Tourzel s'est-il trouvé dans vos papiers ?

A répondu : Parce que, mademoiselle de Tourzel ayant passé chez moi la journée du 10 août, elle y avait oublié, comme une chose indifférente, ce billet, dont j'ignorais même l'existence.

Interrogée : En quelle qualité M. de Tourzel appartenait au Roi.

A répondu : Qu'il lui avait appartenu par une des grandes charges dont le service avait cessé [2].

Interrogée : S'il avait été tué le 10 ou s'il l'avait été depuis ?

A répondu : Puisqu'il a écrit le 10 au soir, il n'a pas été tué le 10 au matin.

Interrogée : Si elle l'a vu depuis et où il est aujourd'hui.

A répondu : Qu'elle l'ignore et qu'elle ne l'a point revu.

Cette réponse n'était pas vraie : nous nous étions vus

---

1. Charles-Louis-Yves du Bouchet de Sourches, marquis de Tourzel, né le 27 août 1768, mari d'Augustine-Éléonore de Pons.
2. Il était Grand Prévot de France depuis 1788.

souvent depuis et je me rappelle, à ce sujet, qu'ayant été un matin avec lui chez madame la comtesse d'Albanie, où ma mère vint nous joindre, nous eûmes la satisfaction d'y revoir un des officiers principaux de la garde du Roi, resté constamment au château depuis le commencement, et qui, après avoir échappé aux dangers du 10 août, parvint encore à se soustraire à l'acharnement avec lequel il fut poursuivi. Il a pu, depuis, se sauver de Paris et s'embarquer pour l'Angleterre, où j'ai eu le plaisir de le voir arriver.

Interrogée: Pourquoi M. de Tourzel donne-t-il une adresse pour lui écrire à l'Assemblée?

A répondu: Pour que sa sœur puisse lui donner de ses nouvelles à l'Assemblée, où tout passe par les huissiers.

On me fit encore plusieurs autres questions, qui ressemblaient pour le fond à celles de la veille, mais elles étaient différemment dialoguées. Je priai qu'on allât doucement: par cette précaution j'échappai à leurs pièges, et leur méchanceté, tout adroite qu'elle était, ne leur fournit rien contre moi.

Interrogée: Si elle connaît M. de Montmorin, colonel; si elle a été chez lui avec madame de Lamballe, et s'il a un logement au château.

A répondu: Qu'elle connaît M. de Montmorin, qu'elle n'a pas été chez lui et qu'elle ne sait pas s'il a un logement au château.

Interrogée: Quel est son frère?

A répondu: Qu'elle n'a pas de frère.

Interrogée: Quel est donc ce grand jeune homme

qu'elle a trouvé hier dans le corridor et au-devant duquel elle a couru avec tant d'empressement, en l'appelant mon frère ?

A répondu : Que c'est le frère de son mari.

Interrogée : S'il était au château le 10 août.

A répondu : Qu'il était alors dans son lit, avec une attaque de goutte.

Ce que je disais était vrai ; mais M. Martin, me regardant avec un rire amer : — « Pour cela, madame, il faut convenir que, quand vous trouvez des excuses, elles sont bien choisies ; ce monsieur-là, dans son lit avec une attaque de goutte, c'est tout à fait vraisemblable. Une autre fois, vous trouverez quelque chose de mieux. N'est-ce pas ?

Interrogée : Si, un soir, à sept heures, elle n'est pas sortie avec la Reine, dans une voiture de remise, par la cour des Princes.

A répondu : Que non.

Interrogée : Si la Reine n'a pas un cabinet, à l'entresol, donnant sur la cour des Princes.

A répondu : Que oui.

Interrogée : Si, vers la fin de juin, à sept heures du soir, elle n'est pas sortie avec madame de Lamballe et plusieurs autres personnes, dans une voiture à six chevaux, qui a pris le chemin du bois de Boulogne.

A répondu : Que cela était vrai ; qu'on avait été se promener à Moulin-Joli.

Cette promenade, dont il était si simple de convenir, m'attira encore quelques reproches sur le parti que j'avais pris de ne rien dire et de ne nommer jamais personne.

M. Martin trouvait que c'était trop m'exposer pour mes amis, et m'en avertissait charitablement. On me fit encore plusieurs autres questions sur cette course, si ridicules et quelquefois si bizarres, qu'elles rendirent cet interrogatoire, que ces messieurs croyaient égayer par de mauvaises plaisanteries, aussi fatigant que le premier.

Interrogée : Si je n'avais pas été avec madame de Lamballe chez M. de La Fayette.

Je n'étais pas préparée à cette question; j'avoue qu'elle me mit en colère. J'avais appris à connaître M. de La Fayette. C'était un supplice pour moi de le voir près de la famille royale. Ses principes connus, sa conduite équivoque, m'avaient inspiré pour lui autant de haine que de mépris et je répondis, de premier mouvement, que je l'abhorrais. Le mot n'était pas prononcé que je vis messieurs du Comité prendre un visage riant et se féliciter d'être au moins sur ce point du même avis que moi. — L'écrivain s'arrêtant : « Madame a dit qu'elle l'abhorre : il faut l'écrire. Ajouterai-je qu'elle l'abhorre cordialement?» J'y consentis.

A répondu : Qu'elle n'a point été avec madame de Lamballe chez M. de La Fayette ; car elle l'abhorre cordialement.

On me fit encore plusieurs autres questions, sur l'intérieur du château, sur les provisions de bouche qu'il contenait, sur les munitions de guerre qu'il renfermait, sur les canons qui y étaient cachés, sur la

séduction employée vis-à-vis de la garde nationale,
sur l'arrivée de M. Pétion dans les appartements, sur
les intentions qu'on y avait eues contre lui. J'avais
beau répondre que je ne pouvais pas avoir connaissance de choses qui n'avaient pas existé, d'autres
questions, non moins invraisemblables, succédaient à
celles-là, et la dernière par laquelle on termina mon
interrogatoire était d'une absurdité atroce, mais
combinée avec les moyens qu'on employait pour égarer
l'esprit du peuple.

Interrogée : Si elle a connaissance de quatre gardes
nationaux tués dans le château et dont il y en avait
un cloué dans une armoire.

Je gardai le silence, je haussai les épaules et je ne
répondis que par le sourire du dédain que m'inspi-
raient de si misérables gens.

Plus ils se dégradaient et plus je prenais de har-
diesse. Je leur dis, à plusieurs reprises, que j'étais
ennuyée et importunée à mourir.

Cette élection, dont j'ai déjà parlé, était devenue
l'objet important dont ils s'occupaient : à chaque
moment, les nouvelles en arrivaient au Comité ; on
n'y pensait plus à moi, on m'oubliait, mais on me
laissait là.

Je demandai qu'il me fût permis de me retirer dans
un coin de la salle avec l'écrivain et celui qui m'inter-
rogeait, afin d'en finir : à l'air de négligence avec
lequel on y consentit, je dus voir qu'on ne se souciait
plus de moi. Je n'avais rien dit et il ne restait qu'à
me punir de mon silence.

Lorsque les éternelles questions eurent été épuisées
dans cet aparté, on fit tout haut lecture de l'interrogatoire. On avait presque achevé, lorsque M. Panis,
président du Comité, arriva. Il fallut recommencer à
lire l'une et l'autre partie pour le mettre en état de me
juger ; et, lorsqu'on en fut à la question par laquelle
j'avais été sommée de nommer les personnes avec lesquelles j'avais dîné chez madame la princesse de
Lamballe, M. Panis dit, avec une importance accompagnée d'un regard farouche : « Ceci est bien à la
charge de l'interrogée. » Ce peu de mots aurait dû
m'apprendre le sort qui m'attendait, mais l'illusion
durait encore, et il fallut que j'entendisse pour croire.

On m'avait fait sortir du Comité pour délibérer.
J'entrai dans une espèce de bûcher, où je me retrouvai
avec M. d'Anlezy et mon beau-frère. Me reposant
avec une confiance trompeuse sur les réponses que
j'avais faites, l'espérance me soutenait encore au point
que je m'occupais déjà d'avoir à temps ma voiture.

On me rappela : je signai l'interrogatoire. A peine
étais-je rentrée, qu'on fit sortir M. d'Anlezy et mon
beau-frère ; un garde devint ma seule compagnie.
L'inquiétude commençait à s'emparer de moi, lorsque
le gendarme qui m'avait gardée vingt-quatre heures
entra dans ma prison (car c'en était déjà une), et me
dit, avec toute l'apparence d'un bon cœur : « Votre
affaire va bien, vous allez rentrer chez vous ; il y a trois
jours que je n'ai embrassé ma femme et mes enfants,
mais je n'ai pas voulu partir que je ne vous aie vue en
liberté ! » — Cet homme me fit du bien, je lui trouvai

un bon naturel et il m'avait rendu quelque confiance,
lorsque la plus triste certitude vint frapper mon
oreille. — J'entendis M. d'Anlezy dire, avec un accent
que je n'oublierai jamais : « Comment! à l'Abbaye! »
— je restai anéantie.

J'ai besoin de suspendre mon récit et de recueillir
mes idées, avant de retracer la suite de ma déplo-
rable histoire.

L'idée de la prison, à laquelle je m'étais presque
accoutumée avant d'être ramenée au Comité de surveillance, n'était pas celle sous laquelle j'étais restée
anéantie, mais je me transportais à côté de ma mère,
au moment où elle allait apprendre cette nouvelle, et,
tout entière à elle, je ne ressentais plus d'autre peine
que celle que j'allais lui donner.

J'étais noyée dans mes larmes, lorsque la porte
s'ouvrit : c'était le gendarme qui était venu me
chercher la veille et qui me dit, d'un air joyeux :
« Nous allons à l'Abbaye. » J'éprouvai un mouvement
d'indignation ; j'avais la bouche ouverte pour chasser
cet homme (hélas! j'oubliais que j'étais en sa puis-
sance et que c'était lui qui allait me conduire en prison) ; mais j'avais encore d'autres épreuves à subir :
il fallait torturer ma conscience et travailler à changer
ce qu'on appelait mon plan ; c'était M. Martin qui
s'en chargea. Il entre, le gendarme sort, et je fixe avec
effroi cette figure sinistre. Il a une manière de rapprocher les sourcils qui la noircit davantage et la
rend plus effrayante.

« Eh bien! Madame, me dit-il, vous savez votre

sort? C'est vous seule que vous devez en accuser ;
cependant il est entre vos mains, vous pouvez encore
le changer. Vous n'avez rien voulu dire, vos réti-
cences n'ont sauvé personne ; songez à vous sauver
vous-même, en avouant tout ce que vous savez. Vos
sentiments, vos liaisons, tout indique que le complot
de la Cour vous était connu. »

« Mon sort n'est pas dans mes mains, s'il dépend
d'aveux semblables; je ne crois à aucun complot. J'ai
dit avec franchise et simplicité tout ce que j'avais à
dire ; je ne dirai rien de plus. Ce que j'ai signé,
je l'ai signé librement, je ne reviendrai pas sur ma
signature. Vous croyez m'effrayer, vous ne me
connaissez pas : l'innocence trouve encore des consolations dans la prison, et j'y entrerais sans regret,
si je pouvais détacher ma pensée d'une mère, d'une
grand'mère, âgée de quatre-vingts ans. Elle en mourra
peut-être ; mais vous n'êtes pas à cela près d'une
victime de plus. »

« Parlez, madame, et vous allez être rendue à votre
famille. Il est bien étrange que, pour ne pas faire tort
à d'autres, vous vous exposiez à un pareil traitement! »

« Je n'ai rien de plus à dire : vous me pressez inutilement ; faites-moi conduire en prison, mais, auparavant, monsieur, ne pourrais-je pas voir ma famille
un moment, un seul moment ? »

« Il n'est pas possible, madame ; mais, encore une
fois, songez à vous : l'amitié de la Reine, votre liaison
avec madame de Lamballe, votre résidence habituelle

au château, tout annonce que vous avez dû avoir connaissance des complots qui s'y tramaient. »

« Je veux bien vous répéter que je ne crois pas, que je n'ai cru à aucun complot. » — (Il insista plus fortement.)

« Monsieur, lui dis-je alors avec indignation, le rôle que vous faites vis-à-vis de moi est infâme ; mais vous ne m'arracherez pas un mensonge pour prix de ma liberté ; faites-moi conduire à ma destination et sortez. »

Il se retira sans répliquer.

Rien ne m'avait autant coûté qu'un pareil entretien, et cependant il m'avait donné un courage surnaturel : j'étais fière de l'avoir écrasé sous mes réponses ; je me sentis moins malheureuse, mes pensées se portèrent sur le Temple, où je trouvai mon dédommagement en offrant à la Reine tout ce que j'allais souffrir pour l'avoir servie fidèlement.

M. d'Anlezy, dont la présence adoucissait ces affreux moments, était venu me rejoindre : il voulut prendre la charge tout entière, et, ma voiture étant prête, il y monta avec moi. Trois gardes s'y placèrent ; l'un d'eux portait l'ordre de me recevoir à l'Abbaye et de m'y tenir au secret. Un autre dit, d'un air triomphant : — « A l'Abbaye ! » — A cet ordre, mon cocher m'a raconté qu'il avait pensé tomber de son siège ; il s'attendait à me ramener chez moi. Mon premier garde avait disparu, aussitôt qu'il avait appris où j'allais. Le chemin me parut éternel et, puisque c'était en prison, j'étais impatiente d'y arriver. Je voulais dire à M. d'Anlezy tant de choses pour ma mère ! Je ne pouvais prononcer ce nom, sans être suffoquée de sanglots. Il faut avoir été dans une pareille situation pour pouvoir se la figurer.

J'arrive enfin : on sonne, on annonce que c'est un prisonnier. Je tombai plutôt que je ne descendis de ma voiture : ma voix était étouffée, mon regard seul put exprimer à M. d'Anlezy toute ma reconnaissance. Je lui serrai la main, et je ne pus proférer quelques mots que pour lui recommander ma famille.

La porte s'ouvre ou plutôt il se fit un grand trou dans la muraille ; un gendarme saisit une de mes mains et m'entraîne vers cette ouverture, en me disant de me baisser. Je m'incline presque jusqu'à terre, pendant que son camarade me tenait l'autre main, et que le troisième nous suivait. C'est ainsi que je passai cette porte, qui, retombant avec fracas, retentit jusqu'au fond de mon cœur. Au bruit effrayant des verrous, lorsqu'elle se referma sur moi, je me crus séparée de la nature entière ; il était dix heures du soir ; une odeur de genièvre insupportable me souleva le cœur ; je regardai autour de moi avec une sombre curiosité et je ne distinguai rien. Plongée dans les té-nèbres, ne pouvant plus me soutenir, aidée et presque entraînée par ces trois soldats sur les marches de l'escalier, je revis la lumière en entrant dans la chambre du concierge. Un des gendarmes lui remit son ordre. Il portait : « Le sieur La Vacquerie recevra madame de Tarente, (cy-devant princesse), dans la prison de l'Abbaye et la tiendra au secret. »

Pendant que le concierge écrivait un reçu de ma personne, j'avais pris machinalement le journal du soir, qui s'était trouvé là, sous ma main, et je lisais, sans lire, lorsque le chien d'un des gardes qui m'avaient acommpagnée se prit de querelle avec le chat de la maison. Le gendarme qui était rentré le dernier voulut battre le chien de son camarade et défendre le chat. Le maître du chien prit parti et il s'établit une querelle si vive que les sabres étaient presque tirés, lorsque le concierge se jeta entre eux, en les priant d'aller plus loin terminer leur querelle ; et moi ! sans pouvoir m'en empêcher, je me mis à rire aux éclats de cette scène ridicule ; mais je sortis bientôt de cette convulsion passagère pour retomber dans mes tristes réflexions.

Lorsque je fus seule avec le concierge, il ouvrit une porte et me dit : — « Princesse, voilà votre chambre.» — Je fus tout étonnée de me trouver dans une pièce qui ne ressemblait point à l'idée que je m'étais faite d'une prison : c'était le salon de M. La Vacquerie. Les meubles en étaient propres ; un joli papier couvrait la muraille ; une pendule fixa mes regards, j'entendis sonner la première heure de celles qui devaient s'écouler si lentement... et je m'en attristai davantage. Je sentis couler mes larmes, je laissai tomber ma tête appesantie dans mes mains, et, les coudes appuyés sur la cheminée, je restai près d'un quart d'heure dans cette situation sans proférer une parole. Je fus tirée de cette sombre rêverie par une voix de femme ; elle s'était approchée de moi sans que je l'eusse entendue : elle me dit, du

ton le plus doux et le plus sensible, qu'elle se trouvait
heureuse si je voulais bien accepter d'elle les services
qu'il lui serait possible de me rendre; qu'elle était au
désespoir de me voir dans cette maison, mais que j'y
trouverais tous les soins que ma situation réclamait.
Elle ajouta que, depuis vingt-quatre heures, elle était
dans la crainte de me voir arriver, M. de Beaumarchais
ayant dit, lorsqu'il avait été conduit en prison, qu'il
m'avait laissée à la mairie et qu'on y était mal disposé pour moi ; que, lorsqu'elle avait entendu annoncer
une femme, son inquiétude avait redoublé ; et que le
désir de m'être utile l'avait conduite auprès de moi.

Pendant qu'elle parlait, je soulevai ma tête ; je vis
un visage inconnu, et j'y lus en même temps une telle
expression de sensibilité, que de ce moment-là je
commençai à me trouver moins malheureuse. J'avais
besoin de consolation, j'avais surtout besoin d'être
plainte, et l'intérêt touchant qu'elle me témoignait
me pénétrait de reconnaissance. Je lui demandai son
nom ; elle me répondit qu'elle s'appelait mademoiselle
de Sombreuil ; qu'elle était venue se renfermer dans
la prison où son père était détenu depuis huit jours,
pour le soigner elle-même, et qu'elle me demandait à
se partager désormais entre lui et moi, si je voulais
bien agréer l'offre qu'elle m'en faisait de tout son cœur.
Elle me rappela qu'alarmée sur le sort de son frère,
qui avait passé au château la nuit du 9 au 10 août,
elle m'avait abordée deux jours après à la porte de
ma maison, pour me demander si je ne pouvais pas
lui en donner des nouvelles. Je n'en savais aucune ;

absorbée moi-même dans mes tristes pensées, je lui répondis à peine. Oh! combien j'ai regretté, depuis, de n'avoir pas été averti par mon cœur, de n'avoir pas deviné dès ce moment-là l'amie que le ciel me réservait dans l'infortune! Comme elle en adoucit la rigueur! Tout ce qu'une attention recherchée, pour me distraire de mes malheurs, pouvait imaginer, était employé; elle semblait avoir oublié les siens, elle se partageait entre son père et moi, avec une bonté et une simplicité si touchantes! Je n'ai jamais vu à personne comme à elle cette espèce d'abandon et d'oubli de soi-même dans la manière d'obliger. Enfin, je lui dois tout; c'est elle qui a affermi mon courage; sa gaieté, douce et naturelle, m'a plus d'une fois distraite de mes malheurs, et, s'il était possible de faire croire qu'on ait été heureuse en prison, je pourrais presque dire que je l'ai été par le charme de sa société. Sa bonté pour moi, ma reconnaissance et mon admiration pour elle, voilà nos liens.

Depuis le 27 août jusqu'au 2 de septembre qu'elle me quitta, pour se livrer tout entière au salut de son père que ses longues vertus et son attachement à son Roi avaient conduit dans cette prison, elle ne se séparait de moi que pour aller auprès de lui, et nous passâmes presque toujours ensemble les jours et les nuits.

Lorsque M. La Vacquerie me vit un peu plus calme, il me dit qu'il me connaissait bien, (un homme gardant les prisons et qui me connaissait!) J'en restai confondue. La connaissance venait de l'Opéra, où il

avait été commis longtemps, et ce n'était que depuis la
Révolution qu'il avait été placé concierge de l'Abbaye.
Je dois dire, à la louange de cet homme, qu'il n'y
a pas d'égards ni d'attentions qu'il n'ait eus pour moi.
Je partageais avec mademoiselle de Sombreuil la
chambre où il me logeait ; on n'y entendait le bruit
d'aucun verrou ; elle avait une grande fenêtre par
laquelle je pus voir, le lendemain, le prolongement de
la rue. Combien de fois j'ai épié le moment d'y voir
passer quelques personnes de ma connaissance ! Jamais cet heureux hasard ne s'est rencontré.

L'heure s'avançait ; on m'avait envoyé de chez moi
ce qui m'était absolument nécessaire. Le concierge
m'avait prêté un lit de sangle, mademoiselle de Sombreuil un matelas. Je me couchai, mais le lit était
cassé ; j'y étais si mal à mon aise, et tellement préoccupée des événements qui avaient rempli ces deux
dernières journées, qu'il me fut impossible de dormir :
ma compagne eut la complaisance de veiller avec moi.

MARDI, 28 AOUT

Je n'étais pas encore levée, lorsque je vis entrer ma
femme de chambre. Ce fut un adoucissement à mes
peines de revoir cette excellente personne, qui avait

déjà été si exposée pour moi le 10 août, et qui venait partager mon sort ; mais j'étais loin d'imaginer alors ce qui devait être et ce qu'elle aurait encore à souffrir.

M. La Vacquerie avait été autrefois au service de madame de La Roche-Aymon ; elle avait envoyé un de ses gens pour savoir de mes nouvelles. La complaisance du concierge en m'amenant cet homme me facilita le moyen de faire dire à ma mère de garder toutes mes lettres.

J'écrivais chez moi pour les arrangements de mon dîner, pour les meubles dont j'avais besoin, pour demander de l'ouvrage et des livres ; c'est à quoi se bornait ma lettre, qui fut lue par M. Dugazon. Il était précisément ce jour-là de service à la prison ; il chargea ma femme de chambre, qui la lui avait portée, de m'assurer de son respect et de me dire qu'il m'avait vue avec bien du chagrin, la veille, à la mairie ; mais qu'il n'avait pas osé s'approcher de moi pour me le témoigner. Il lut ma lettre, la cacheta lui-même et la fit partir.

M. La Vacquerie avait été mandé au Comité de surveillance pour y être interrogé. On lui avait fait jurer qu'il n'avait pas fait sauver de la prison M. le prince de Poix : il revenait, après avoir terminé son affaire à sa satisfaction, me raconter qu'il avait reçu de ces messieurs l'ordre de me traiter avec égard et de me procurer les adoucissements qui pourraient dépendre de lui. C'était bien obligeant de leur part, mais mon cœur était fermé à la reconnaissance.

J'étais avec mademoiselle de Sombreuil, lorsqu'elle entendit, dans la chambre à côté de nous, la voix de M. de Montmorin (le gouverneur de Fontainebleau). Elle me pria de m'approcher de la serrure pour qu'il pût me parler. Je le voyais tous les jours de ma vie au château avant le 10 août, et depuis je n'avais plus entendu parler de lui que pour m'affliger sur son sort : son affaire avait été portée à ce tribunal de sang qui venait d'être érigé, et il allait être condamné à mourir... ou il allait être absous. Après m'avoir dit tout ce que son bon cœur lui inspirait sur ma position, il ajouta : « Madame de Tarente, pour pouvoir être tranquille en prison, il faut n'avoir nommé personne dans son interrogatoire ; on est alors content de soi et l'on peut braver son sort. Je ne sais quel sera le mien ; mais au moins aucun autre ne le partagera par ma faute. Telle séduction qu'on emploie vis-à-vis de vous, telle menace que l'on vous fasse, ayez le courage du silence et vous en serez bien dédommagée, je vous l'assure. » Je l'écoutais avec toute mon attention ; ses paroles, qui étaient celles du plus honnête homme, avaient fait sur moi l'impression la plus profonde, et je me sentis pressée de lui répondre que j'étais aussi tranquille que lui ; qu'interrogée pendant cinq heures, je n'avais répondu qu'à ce qui m'était personnel, et que c'était la punition de mon silence qui m'avait amenée à côté de lui.

Sur les neuf heures du soir, M. Chancy arriva pour faire le relevé des prisonniers et, tout en écrivant, il dit à mademoiselle de Sombreuil et à moi : — « Vous

verrez quelque chose de bien extraordinaire : Beaumarchais est sorti ce matin de prison, et demain vous
allez y voir son dénonciateur. » — « Ah ! lui dis-je,
monsieur Chancy, puisqu'on punit les dénonciateurs,
ne pourriez-vous pas me faire connaître le mien ? »
— « Cela serait difficile, madame : votre dénonciateur
est l'opinion publique ! » — Je ne sais trop dans quel
sens il l'entendait, mais je pris cela pour un éloge et
je l'en remerciai. Il me demanda ensuite comment je
me trouvais, et si j'étais bien malheureuse d'être en
prison. Je répondis avec une apparente tranquillité
qui dut lui faire prendre le change sur ma véritable
situation.

Dans cet intervalle, on m'avait apporté un lit et des
matelas. Je me couchai et je dormis tout aussi bien
que chez moi ; ma femme de chambre fut en troisième
dans notre chambre.

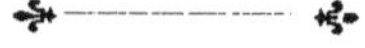

MERCREDI, 29 AOUT

Dans la matinée, M. La Vacquerie vint me dire
qu'il avait envie de me redemander son salon, qu'il
me donnerait sa chambre, qui était aussi bonne,
quoique plus petite, et que, les trois quarts du jour,
le salon n'en serait pas moins à ma disposition ; qu'il

allait, (si cela me convenait), arranger cela avec ceux
qui occupaient cette chambre. M. de Montmorin vint
encore voir les prisonniers, mes voisins ; je lui parlai,
comme la veille, au travers de la serrure ; mais, fatiguée de cette manière de s'entendre, je priai le concierge de le faire entrer et de laisser fermer la porte
qui donnait dans l'antichambre, afin qu'il ne fût pas
surpris chez moi ; car il y avait une cuisinière dont on
se méfiait et qui se trouvait toujours partout où elle
n'avait que faire. Elle commençait à me prendre en
amitié et, plus tard, elle ne quittait presque plus ma
chambre. Dans cette conversation avec l'infortuné M.
de Montmorin, je fus particulièrement frappée de la
sorte d'énergie que sa situation, vraiment effrayante,
imprimait à ses discours. Au défaut de ce qu'on
appelait communément de l'esprit, c'est l'âme seule
qui peut trouver de pareilles expressions ; il n'est pas
possible de déployer plus de sentiments nobles et
délicats, plus de courage et de loyauté. La manière
dont il envisageait sa cause sous le rapport général,
si elle était connue, lui aurait concilié au plus haut
degré l'estime et l'intérêt de son ordre. Il me dit qu'il
n'avait pas vu le ministre, M. de Montmorin, depuis
qu'il avait été conduit à l'Abbaye, qu'il ne le verrait
pas, qu'on venait le chercher le soir et qu'il se con-
tenterait de lui faire dire par mademoiselle de Sombreuil qu'il pouvait être assuré qu'il ne serait pas
nommé dans son interrogatoire. Il est triste de rappeler ici que le ministre n'avait pas eu la même générosité à son égard : « Je ne suis pas le seul Mont-

morin, » avait-il répondu. Ce mot, sans lui sauver la vie, avait été l'arrêt de mort de celui que je regrette.

Ce jour-là, je vis aussi M. de Sombreuil et quelques autres prisonniers. Après le dîner, je m'étais retirée dans la chambre que le concierge me destinait; il vint m'y chercher, pour me dire de passer dans le salon, où j'allais recevoir la visite de M. Manuel. Pendant une demi-heure que dura cet entretien, il me témoigna tout l'intérêt possible, me fit raconter avec détail tous les événements qui avaient précédé mon arrivée à l'Abbaye, chercha à me faire entendre que je n'y serais pas longtemps, et me parla de manière à m'encourager. (En prison, on devient confiant, il ne faut pas grand'chose pour être satisfait.) Lorsque sa curiosité l'eut été sur tout ce qu'il savait aussi bien que moi, mais qu'il eut alors l'air d'apprendre, enhardie par ses manières qui m'avaient semblé obligeantes, j'osai lui demander des nouvelles du Roi et de la Reine. Il me répondit qu'il les avait vus la veille et qu'ils se portaient bien. — « Serait-il possible qu'ils fussent privés de tout secours domestique ? Je ne peux pas le croire ; l'idée d'une chose aussi barbare est trop révoltante ; mais s'il était vrai, monsieur, ah ! pourquoi, puisqu'on m'a condamnée à la prison, ne m'avoir pas conduite au Temple ! J'y aurais servi la Reine. » — « Gardez-vous bien, madame, de témoigner autant d'intérêt au sort du Roi et de la Reine ; cet intérêt pourrait vous perdre. » — « Eh ! que m'importe ! lui répondis-je ; pensez-vous que la crainte puisse jamais me faire déguiser les sentiments

dont je m'honore? » — Il eut l'air alors de rentrer un
peu dans mon avis, et me dit que le sien n'avait pas
été qu'on traitât le Roi et la Reine avec tant de
rigueur; puis, avec une manière ironique, il ajouta,
en fermant un œil (ce qui donne à sa physionomie
quelque chose de farouche), « qu'il n'aurait pas même
voulu de tour, un traitement si dur pouvant changer
les sentiments que le Roi et la Reine doivent inspirer
et peut-être y faire succéder la pitié ; d'ailleurs,
madame, une tour, vous le savez, fait des Blondel. »

Pendant qu'il parlait, mon âme se soulevait d'indignation ; j'étais honteuse d'avoir pu me tromper sur
cet homme, dont l'hypocrisie m'avait un moment
aveuglée sur sa scélératesse. J'aurais dû me rappeler
ce qu'il avait été constamment, depuis la révolution ;
mais il était alors mal avec le Comité de surveillance
et c'était peut-être ce qui m'avait affaibli mes anciennes
préventions contre lui. Je cherchai à abréger. Malheureusement, je n'étais pas quitte de tout entretien
pénible : deux membres du Comité de surveillance,
M. Langeon et M. Martin, mon éternel persécuteur,
étaient entrés pendant la visite de M. Manuel, et mon
tourment recommença.

Il fallut d'abord faire lire à M. Langeon une lettre
que j'écrivais à ma mère. La manière dont j'y parlais
de ma prison le surprit : on avait espéré que l'ennui et
le chagrin produiraient sur moi une impression différente, et ce fut à regret qu'il ordonna de la faire partir.
Ce M. Langeon est aussi une de ces figures à laquelle
on ne peut refuser le coup de pinceau : il a le regard

tors ; il est coiffé en véritable Jacobin ; ses cheveux courts, noirs et crépus grossissent encore sa tête et lui impriment quelque chose du monstre.

M. Martin, plus radouci, me pria de passer dans l'autre chambre. Jamais ordre ne fut plus pénible à exécuter ; mais il fallait obéir. J'étais troublée, tremblante et très en colère. C'était certainement le sentiment qui me dominait ; cependant je m'affermissais dans la résolution de ne rien dire, de ne céder sur aucun objet, et de continuer à le traiter comme j'avais déjà fait. Il avait pris un visage moins sombre ; il s'était presque donné celui de l'intérêt ; il venait, disait-il, me supplier de réfléchir sur ma situation ; de songer que de ce seul moment pouvait dépendre mon salut ou ma perte ; que, dans une heure, je pouvais être rendue à ma famille, mais qu'il fallait pour cela avouer les complots formés contre le peuple au château des Tuileries.

« Je n'ai rien à répondre, monsieur, à de pareils propos : j'ai dit à la Mairie tout ce que j'avais à dire. » J'ajoutai avec hauteur qu'une femme comme moi ne revenait pas sur ce qu'elle avait dit et signé ; je finis par l'assurer que les vils moyens de crainte et de séduction n'avaient pas de prise sur moi, que je saurais lutter de courage contre la scélératesse et qu'il pouvait se dispenser de m'interroger davantage ; car je ne daignerais pas lui répondre. »

Le rouge lui était monté au visage.

« Madame, vous en avez trop dit le premier jour, pour en dire si peu le second. »

« Je sais, monsieur, que tout ce que j'ai dit est à la décharge de ceux que vous voulez trouver coupables. »

« Vous voulez donc rester éternellement dans cette prison? »

« Vous m'avez entendu parler à M. Manuel; vous voyez que je n'ai aucune impatience d'en sortir. »

« Oui, madame, j'ai entendu et je sais que vous perdez M. Manuel, et que vous vous perdez avec lui. »

, « Vous cherchez en vain à m'intimider, vous n'y parviendrez pas; je voudrais bien savoir ce qu'a de commun M. Manuel et moi? »

« Encore une fois, madame, songez que, dans une heure, vous pouvez être hors d'ici. Votre obstination... » Je l'interrompis avec emportement: j'étais tellement indignée, que j'en pleurais et j'étouffais tout à la fois, et je lui dis, avec un mouvement de fureur qui m'était inconnu :

« Je ne crains rien de vous, pas même la mort! »

Il s'arrêta un moment et reprit :

« Au reste, madame, que nous importent vos dépositions? C'est en vain que vous voulez ménager vos amies : aucunes preuves ne nous manquent, nous en avons contre la Reine plus qu'il ne nous en faut pour la faire périr. »

Oh ! comment rendre l'impression que fit sur moi le blasphème de ce scélérat? J'étais restée anéantie, prête à mourir; le désespoir me rendit des forces, je les recueillis toutes pour lui dire : « Sortez, monsieur, vous me faites horreur! Si jamais un pareil forfait

souillait la France, c'est alors que vous me verriez
fléchir devant vous. Je vous demanderais la grâce de
partager son échafaud! et finir ainsi ma vie, qui lui
fut toujours consacrée, serait ma plus belle récompense! »

Cet homme, interdit, me regarda sans me répondre.
Alors M. Langeon le joignit et voulut aussi m'engager
à penser à mes intérêts.

« On n'ignore pas, me dit-il, que vous étiez sans
cesse avec la Reine, et nous savons parfaitement ce
qui se passait au château. »

« Non, monsieur, vous ne le savez pas, lui répli-
quai-je en l'interrompant, si vous croyez que j'étais
sans cesse avec la Reine. Sans doute, c'eût été ma
place, si je n'avais consulté que mon cœur, et qu'elle
eût voulu me permettre de rester auprès d'elle ; mais
je n'y étais que pour mon service pendant ma semaine,
et elle ne se répète pas. Au reste, je ne veux pas
m'abaisser jusqu'à vous faire ces détails. »

Mademoiselle de Sombreuil, qui était restée dans
la chambre voisine, me dit que M. Martin, en sortant
de la mienne, lui dit, avec une colère très marquée :
« Cette femme est intraitable, on n'en peut rien obtenir ! ».

Il voulait que j'accusasse la Reine.

Ce soir-là même, le concierge eut encore besoin
de la chambre qu'il m'avait donnée ; il me fit rester
pendant une heure dans une autre qu'il destinait à
M. et à mademoiselle de Sombreuil. Celle-là était une
véritable chambre de prison ; une porte épaisse et

ferrée était garnie de gros verrous qui se fermaient en
dehors. Le jour de la fenêtre était intercepté par une
double grille, au travers de laquelle, en se donnant
beaucoup de peine, on ne pouvait apercevoir qu'une
petite partie de la rue.

J'enlevai mademoiselle de Sombreuil à son père,
qui fut le premier à la presser d'accepter, et, la nuit,
nous nous retrouvâmes ensemble, comme nous y
avions été depuis mon arrivée. Le matin, nous travail-
lions à refaire nos lits, et le temps que durait cette
occupation était autant de pris sur l'emploi de nos
journées. J'arrangeais moi-même la table pour le dîner
et je n'en étais pas plus importunée. La vie de la prison
change les manières et les habitudes, et c'est là que
tout naturellement se trouve établie l'égalité. Je n'avais
plus autour de moi des gens pour me servir, et lorsque
M. La Vacquerie m'avait amené le matin mon laquais,
qui ne put me dire un seul mot (tant il était consterné),
je pris le soin moi-même de l'encourager, en lui montrant que j'étais bien, et surtout tranquille.

Jeudi, 30 aout

Cette journée fut celle qui s'écoula avec moins
d'amertume : j'avais obtenu la facilité de correspondre
avec ma famille, comme je voulais, sans que les com-

missaires de la section lussent mes lettres. C'était
pour moi une douce consolation d'écrire tous les matins, et souvent tous les soirs, à ma mère ; mais pour
me ménager ce bonheur et ne rien faire soupçonner,
je n'en écrivais pas moins que des choses indifférentes.
Ce jour-là même, pendant que l'un des commissaires
lisait une de ces sortes de lettres, je cherchais à me
rappeler dans ses traits une physionomie qui ne
m'était pas inconnue ; il s'en aperçut et me dit qu'il
était joueur de violon, qu'il m'avait vue souvent au
concert de l'hôtel de Rochechouart ; et voilà l'homme
qui avait le droit de lire mes lettres, de les juger, d'y
retrancher, d'y changer ce qu'il voulait, de les faire
partir ou de les arrêter. La veille, c'était de la fantaisie
d'un histrion ; le lendemain, c'était de celle d'un
homme de l'orchestre que je dépendais.

Il nous passa par la tête de donner à dîner à M. La
Vacquerie. Sa femme n'en était pas plus contente.
C'était pourtant la meilleure créature, toujours de
bonne humeur, faisant à elle seule l'ouvrage de cinq
ou six, et ne se plaignant jamais ; mais elle disait très
raisonnablement à son mari : « On te surprendra
dînant avec les prisonniers et tu verras ce qui t'en
arrivera. »

J'avais, grâce aux complaisances de ce concierge,
toutes les douceurs qu'on peut se procurer en prison.
Je faisais venir de chez moi tout ce que je voulais, il
ne s'opposait à rien de ce que je paraissais désirer.
Mes portes n'étaient jamais fermées que par ma
volonté. J'en avais deux à ma chambre. Par une je

pouvais aller dans le corridor et à la cuisine (on ne sait pas de quelle valeur est pour un prisonnier ce petit essai d'une sorte de liberté); mais j'étais attentive à regarder, avant de sortir, si je ne serais aperçue de personne pour éviter de le compromettre. Un soir, que j'avais fait ma ronde ordinaire, pendant que mademoiselle de Sombreuil avait été reconduire son père, avec qui j'avais joué au trictrac tout l'après-dîner, et que ma femme de chambre était dehors pour des commissions, je m'étais mise à dévider de la soie. Assise devant une table à laquelle étaient attachés mes dévidoirs, j'avais le visage tourné du côté du mur auquel elle était appuyée. M. La Vacquerie entra doucement par la porte qui était à ma gauche, fit le tour de ma personne sans me dire un seul mot, et s'inclina si près de moi que je ne doutai pas qu'il ne voulût me parler à l'oreille. Je la rapprochai de lui pour mieux entendre, lorsqu'il m'embrassa la joue droite. — « Pourquoi, lui dis-je, M. La Vacquerie ? un peu étonnée de cette familiarité. » — « Princesse, me répondit-il, c'est une commission dont je me suis chargé. » — Et il disparut aussitôt. En prison, tout fait événement. Aussi, quand mademoiselle de Sombreuil revint, je n'eus rien de plus pressé que de lui raconter ma petite aventure; elle voulut aller savoir de M. La Vacquerie qui l'avait chargé de cette commission; elle n'en apprit pas davantage.

Le soir, après souper, comme j'allais fermer ma porte, il entra dans ma chambre et me dit : — « Je vous demande pardon, princesse, mais il faut que vous

sachiez que je me suis fait un droit d'embrasser toutes mes prisonnières; je ne pouvais pas en agir avec vous comme avec tout le monde, j'ai pris une petite tournure, et j'espère que vous aurez la bonté de m'excuser. »
— Il fallut bien prendre le parti d'en rire, car la dignité n'a pas sa mesure ordinaire entre les quatre murailles d'une prison.

Notre société s'était augmentée d'une dame, qui vint aussi habiter le salon du concierge. C'était madame de La Fosse-Landry, femme fort respectable, mais dont les éternelles lamentations ajoutaient quelques teintes de plus aux sombres idées dont nous cherchions à nous distraire. Tous les aristocrates malheureux étaient ses amis (et elle en avait beaucoup.) Sa pitié s'étendait à l'infini et, lorsqu'elle avait décrit ce grand cercle, elle avait une manière de particulariser les événements, d'en retracer les plus atroces détails et de fixer ainsi notre tristesse sur les malheureux qui en avaient été les victimes ; mais elle parlait aussi du Temple, et surtout de la Reine, avec une vénération qui m'inspirait de l'estime et de l'intérêt, et me rendait plus tolérante sur ses ennuyeuses jérémiades.

La nuit était arrivée et nous voyions de la fenêtre les visites domiciliaires qui se faisaient. C'était tout ce qu'on peut imaginer de plus effrayant. Des soldats armés fermaient la rue, tandis que d'autres, avec des cris féroces et une joie insultante, violaient les asiles, fouillaient partout et arrêtaient au gré de leur caprice tout ce qui leur paraissait suspect. Ma malheureuse

compagne, mademoiselle de Sombreuil, tremblait pour
son frère, qu'elle savait caché dans Paris, et nous
craignions à tout instant de le voir amener dans cette
prison, qui se remplissait de prêtres fidèles à leur
Dieu et de gentilshommes restés fidèles à leur Roi.

Vendredi, 31 aout

La cuisinière importune qui ressemblait à une
vieille fée, mais pourtant bonne et obligeante, s'était
prise pour moi de la plus belle affection ; elle me
donnait des fleurs et m'apportait toujours les plus
belles du marché. Je les voyais et j'aurais pu les choi-
sir de ma fenêtre. Un jour, elle me donna trois roses,
les plus belles que j'aie jamais vues. Je ne les avais
pas encore touchées que mon cœur les destinait déjà ;
je priai le concierge de les faire porter tout de suite à
ma mère. Je ne raconte ceci, qui ne peut pas avoir
beaucoup d'intérêt pour les autres, que pour faire remarquer que j'avais aussi mes plaisirs. Ma mère
aime les roses et j'étais bien sûre qu'elle me saurait
gré de m'en être souvenue.

On vint enfin chercher M. de Montmorin, après l'a-
voir remis pendant trois jours, du matin au soir et du soir
au lendemain. C'était dans sa position une barbarie de

plus, mais les égards dus au malheur étaient méconnus dans un pareil tribunal et l'on cessera d'en être étonné, quand on saura que son accusateur public, celui qui devait rapporter l'affaire et donner ses conclusions (c'est-à-dire l'absoudre ou le condamner à mort), était un cordonnier. Il vint me dire adieu, et me fit entendre qu'il serait éternel.

J'employai mon courage à lui cacher l'impression qu'il me faisait. Il sortit de la prison, parut au tribunal avec sang-froid, s'y défendit avec présence d'esprit; enfin, il gagna sa cause.

J'étais enfermée dans ma chambre, pendant que plusieurs personnes se promenaient dans le salon, lorsque le mot : « Absous » se fit entendre distinctement. Je me précipitai, plutôt que je ne sortis, au milieu des prisonniers, qui étaient dans une joie dont j'aurais désiré qu'il eût été lui-même le témoin. Hélas ! le malheureux aurait joui encore de quelques instants de bonheur, en voyant l'intérêt qu'il inspirait à tant de gens, incertains sur leur propre sort et qui semblaient l'oublier pour ne s'occuper que du sien. Je priai le concierge d'envoyer au tribunal prendre des informations et savoir s'il avait été reconduit chez lui. On nous rapporta qu'après le jugement rendu, le peuple avait paru mécontent, qu'il murmurait et qu'on avait entendu des cris qui demandaient sa tête ; que, pour sa propre sûreté, on l'avait conduit à la Conciergerie, sous une forte escorte. Cette précaution nous parut d'un sinistre augure et la consternation succéda à un quart d'heure d'espérance.

Vers les sept heures du soir, M. Gébé, notaire de
la Liste civile, emprisonné pour cette raison, reçut un
billet de M. de Montmorin, qui lui mandait : « Soyez
plus heureux que moi et, si vous sortez de l'Abbaye,
ne vous laissez pas écrouer dans une autre prison.
Je le suis de nouveau à la Conciergerie. Envoyez-y
mes effets pour le peu de temps... » Le surlen-
demain, il fut le premier demandé par le peuple et
tomba sous le fer des assassins.

On s'était retiré, j'étais restée dans le salon, lorsque
le concierge le traversa, avec un petit monsieur habillé
de noir, pour aller dans la chambre voisine. Il était
suivi de M. Chancy, qui s'arrêta et fut s'asseoir assez
loin, mais en face de moi, me regardant sans cesse,
pendant que l'homme d'affaires de ma mère, qui était
entré en troisième et que j'étais tout étonnée de voir
là, venait prendre place assez près de moi pour pouvoir
me parler bas. Il me priait de lui confier ce que je
désirais, de lui donner des commissions pour ma
famille et de lui dire si je ne souhaiterais pas de voir
M. d'Anlezy. A peine osais-je lui répondre ; j'étais
sur les épines. Cet homme que j'avais devant moi, ce
secrétaire du Comité, ce M. Chancy, dont les questions
avaient été si pressantes à mon interrogatoire, me
jetait dans un embarras dont je ne pouvais sortir ;
il s'en aperçut et, avec l'air de craindre qu'on ne
l'entendît, il me dit, entre haut et bas : « Parlez-lui
donc sans vous gêner. » — L'homme d'affaires de
ma mère m'apprit alors que la personne qui avait
passé dans l'autre chambre avec le concierge était le

secrétaire de M. Pétion ; que c'était lui qui l'avait fait entrer dans la prison et qu'il allait le rejoindre. Ils n'avaient pas tout à fait mais un peu l'air de s'entendre. Pour moi, qui ne comprenais rien à ce que je voyais, j'observais avec inquiétude ; la défiance me fermait la bouche ; je ne voulais rien répondre. Alors M. Chancy se rapprocha de moi et me dit tout bas : — « J'ai dîné avec M. de La Trémoille ; voilà une lettre qu'il m'a chargé de vous remettre. » (Il me la donna mystérieusement, avec assez d'adresse.) « Il vous prie, ajouta-t-il, de la lire avec la plus grande attention, et de faire tout ce qu'elle prescrit, le plus tôt possible. » — (J'avais reconnu sur l'adresse l'écriture de mon beau-frère, mais je n'en devinai pas davantage le mot de l'énigme.) — « Je reviendrai demain vous voir, sur les trois heures. Point d'indiscrétion ; songez que vous pouvez me perdre, » me dit encore M. Chancy, et il retourna à sa place. Cependant, malgré tout ce qu'il disait et faisait, je restais sur la réserve et ma confiance avait peine à s'établir. Je voyais toujours en lui l'homme du Comité et je ne pouvais concilier l'idée que celui qui avait cherché à me nuire songeât alors à me servir. Ils se retirèrent tous les trois et me laissèrent dans le plus terrible état d'indécision.

Je courus m'enfermer dans ma chambre. J'ouvre la lettre de mon beau-frère et je lis « qu'il compte sur l'homme qu'il a chargé de me la remettre ; qu'il ne m'en dira pas autre chose ; qu'il paraît dévoué à mes intérêts et qu'il me prie de le bien traiter ; que la

colère du Comité porte sur l'obstination de mon refus
à nommer les personnes qui dînaient chez madame
la princesse de Lamballe ; que M. Panis est furieux
contre moi ; que c'était lui plus particulièrement qui
m'avait fait conduire et me retenait en prison ; que,
pour faire finir cette persécution, il faudrait pourtant
dire une chose quelconque. » (Je ne fus déjà pas trop
contente du début de cette lettre.) Je poursuis et j'a-
chève de lire « qu'il n'y a pas un moment à perdre ;
qu'il faut travailler à sortir de l'Abbaye ; que, pour y
réussir, il faut écrire à M. Pétion, pour lui demander
justice de son Comité de surveillance ; à M. Manuel,
comme premier magistrat du peuple, pour qu'il oblige
le Comité à se dessaisir de mon affaire, et, enfin, au
Comité lui-même, pour lui rappeler que je suis en
prison, et que je demande à être renvoyée au tribunal,
pour être jugée. Je fus tellement révoltée de la seule
idée d'avoir à traiter avec de pareilles gens, que le premier parti auquel je m'arrêtai fut de ne point écrire ;
mais, ramenée bientôt à celui de mes devoirs par ma
tendresse pour ma mère, songeant qu'aucun sacrifice
ne devait me coûter pour faire cesser ses inquiétudes,
et conseillée par mademoiselle de Sombreuil, dans le
meilleur parti que j'eusse à prendre, j'écrivis, dès
le soir même, à ma mère la lettre qui lui fut portée secrètement, le lendemain matin. Je ne voulais
pas faire de démarches qui ne fussent appuyées de
son consentement et il n'y avait qu'un ordre d'elle qui
pût vaincre ma répugnance sur celles qu'on exigeait
de moi. Je me sentis soulagée après avoir écrit, mais

il me restait de l'inquiétude sur la réponse que je recevrais et sur ce qu'elle me prescrirait. J'étais tombée dans une sombre rêverie. Mademoiselle de Sombreuil, qui s'en était aperçue, employa toute sa gaieté pour m'en distraire, et je dois dire, à la louange de son bon cœur et à la honte de ma légèreté, qu'elle y réussit si bien que nous veillâmes jusqu'à deux heures du matin, et je crois que de ma vie je n'ai tant ri... De quoi? — Je serais bien embarrassée de le dire. J'en étais honteuse, mais madame de La Fosse-Landry, que nos éclats de rire empêchaient de dormir, nous crut devenues folles, et elle passa une partie de la nuit à prier le ciel de nous préserver de ce nouveau malheur.

SAMEDI, 1ᵉʳ SEPTEMBRE

Quoique je me fusse couchée tard, l'inquiétude m'éveilla de bonne heure. Je désirais me fortifier de l'autorité de ma mère, pour ne pas me soumettre aux démarches qu'on exigeait de moi. Elle pensa différemment et sa réponse me prescrivit la même conduite qui m'avait été tracée par mon beau-frère. Mais quel style employer? De quelle manière s'y prendre? Je m'y trouvais si embarrassée qu'il fallut encore recou-

rir à ma mère. Je lui mandais que j'avais besoin du
secours d'une autre plume pour écrire à tous ces personnages, et elle me renvoya, dans la matinée même,
les lettres toutes faites. Je n'eus qu'à les copier, mais
d'une main si tremblante qu'à peine étaient-elles li-
sibles. Elles furent portées à leur destination.

Ma femme de chambre, qui n'avait pas plus que
moi l'habitude des prisons, s'était donné un coup à la
tête en passant le guichet et elle y sentait une douleur
qui me donnait beaucoup d'inquiétude. Je demandai
comme une grâce, et elle me fut accordée, de faire
venir le chirurgien de la maison, qui la saigna, et
elle ne tarda pas à s'en trouver soulagée.

M. Chancy vint à trois heures, comme il l'avait
promis. Il me reprocha mon peu de confiance. Je lui
répondis qu'il ne devait pas en être étonné; qu'un
membre de ce même Comité qui m'avait envoyé en
prison, ne pouvait pas m'en inspirer, et que la perfidie étudiée avec laquelle il m'avait interrogée lui-
même, était trop fortement gravée dans ma mémoire,
pour en perdre si aisément le souvenir. — « Ne con-
fondez pas, madame, me dit-il; j'étais, à l'interrogatoire, l'homme du Comité, forcé de vous faire toutes
les questions qui m'étaient prescrites; mais, si vous
aviez voulu me regarder plus attentivement, je vous
aurais épargné bien des chagrins. » Il ajouta que ma
bonne foi et ma simplicité l'avaient touché, et qu'il
avait été convaincu que je ne savais rien (il croyait aux complots); que, si son avis avait prévalu,
j'aurais été renvoyée chez moi avec un garde; que

tout provenait du dîner de madame de Lamballe,
dont je n'aurais pas dû convenir que j'étais ; mais,
puisque la faute était faite, il faudrait cependant chercher à dire quelque chose de plus positif sur ce dîner.
« Je vous nommerai, ajouta-t-il, une personne qui en
était aussi. » En effet il la nomma : c'était la duchesse
de Luynes ; elle avait été interrogée comme moi, et je
savais que ce qu'elle avait dit était à peu près conforme à mes dépositions. — « J'espère, me dit-il
encore, que vous avez plus de confiance. Je me suis
mis en votre pouvoir, et mon intérêt doit vous
répondre de moi. Demain, je reviendrai à deux heures ;
écrivez et je me chargerai de vos lettres pour vos
parents et vos amis. »

DIMANCHE, 2 SEPTEMBRE

Quelles affreuses journées ai-je encore à retracer
ici ? Il semble que ce soit en prolonger l'horreur que
de rappeler les événements qui ont souillé la France
et qu'on voudrait voir à jamais effacés du souvenir des
hommes ; mais je m'y suis condamnée ; la reconnaissance et l'admiration m'imposent également cette
pénible tâche. J'ai éprouvé pour moi des traits de
dévouement, j'ai vu la piété filiale de ma respectable

compagne s'élever au plus haut degré de l'héroïsme,
et j'ai voulu, s'il était possible, adoucir l'atrocité de
tant de crimes par le contraste de quelques actions
sublimes.

J'éprouvais une agitation extraordinaire. Je m'étais
rapprochée de la fenêtre pour écrire, lorsque je vis
dans la rue un mouvement dont je fus épouvantée.
Pressé par la terreur et la curiosité tout à la fois,
le peuple courait et se précipitait, pendant que six
officiers municipaux à cheval s'avançaient par une
des rues aboutissant au carrefour. Là, au son de la
trompette, on publia la prise de Verdun. Le peuple
s'agitait visiblement, d'une manière alarmante ; il
s'ouvrait et se rangeait devant les écharpes des députés de la Commune qui s'arrêtèrent à l'endroit où la
place s'élargit. Je les vis, je les entendis proclamer la
patrie dans le plus grand danger, et demander cent
cinquante mille hommes pour marcher à l'ennemi
dans les plaines de la Champagne. On avait entendu
tirer le canon d'alarme ; le tocsin sonnait de tous
côtés. Mon coup d'œil se prolongeait très loin dans la
rue, d'où je voyais les bourgeois sortir de leurs mai-
sons, armés de sabres et de fusils. Leur marche était
incertaine : les uns allaient à leurs sections, d'autres
se portaient à la prison ; l'espace s'encombrait ; on
avait peine à se faire passage ; l'irrégularité de ces
différents mouvements en augmentait le désordre. Il
y avait un tel caractère de violence imprimé sur tout
ce qui s'était mis en mouvement que j'en fus effrayée,
et l'idée de ne pouvoir me sauver, si le peuple mena-

çait l'Abbaye, acheva de me glacer d'épouvante. Cependant, M. Chancy arriva ; il me parut tranquille, mais il était bien loin de l'être autant qu'il affectait de le paraître. Il y avait deux jours qu'on avait commencé à travailler sous ma fenêtre, pour la construction d'un nouveau corps de garde. Les propos des maçons contre les prisonniers étaient atroces, et je voyais l'agitation du dehors s'accroître au lieu de diminuer. Vers deux heures, il arriva cinq voitures remplies de prisonniers (ecclésiastiques, pour la plupart). Il y avait des hommes armés montés derrière, sur le siège et jusque sur l'impériale. Plusieurs de ces malheureux, destinés à la mort, étaient déjà blessés avant de descendre. On les conduisit au couvent de l'Abbaye ; ils n'allèrent pas plus loin que la cour : ils y furent tous massacrés. C'est ainsi que commencèrent ces affreuses journées.

Nous ignorions encore leur triste destinée, et je venais de me mettre à table avec mademoiselle de Sombreuil, lorsque le concierge vint me dire de hâter mon dîner, parce qu'il avait besoin de sa chambre pour les commissaires qui allaient venir examiner les lettres. (Il prétexta qu'il n'en était pas venu depuis deux jours et que les prisonniers se plaignaient.) Je ne lui fis point d'objection et je me retirai chez moi avec mademoiselle de Sombreuil. Son père vint nous y joindre. Peu de temps après, le concierge vint encore me prier de lui céder ma chambre et de passer dans une autre, située de l'autre côté. Celle-là ne donnait pas sur la rue, elle n'avait

qu'une petite lucarne, haute, grillée et par laquelle
on ne pouvait voir que le ciel. Il empêcha M. de
Sombreuil de nous suivre ; sa fille ne s'en aperçut que
lorsque nous fûmes entrées. Un mouvement, plus
prompt que l'éclair, la fit disparaître. Elle avait été
rejoindre son père et partager ses dangers avec un
courage au-dessus de tout ce que j'en pourrais dire ;
elle en a eu la récompense : elle lui a sauvé la vie.

J'étais restée seule avec ma femme de chambre
dans cette nouvelle prison. J'avais pris machinalement mon ouvrage, cherchant à me distraire par
quelque occupation. J'étais effrayée, sans démêler ce
que j'avais à redouter ; car j'étais encore loin de
prévoir les horreurs et les massacres dont j'allais être
témoin. Ma triste habitation devint aussi l'asile des
autres femmes ; on nous y réunit, au nombre de
huit. (J'aurai occasion de les faire connaître.) Cette
chambre, qu'il faut appeler la chambre de sûreté,
pouvait avoir douze pieds de long sur huit de large.
Elle contenait un lit, une table et quelques chaises ; il
n'y avait pas possibilité d'y marcher (mouvement si
nécessaire pour soulager un peu la tourmente de l'inquiétude). Le besoin de marcher me faisait aller du
lit à une chaise, de la chaise à la table, sur laquelle je
m'appuyais debout, et de la table au lit, sur lequel je
ne pouvais rester ni assise, ni couchée, tant j'étais
agitée. C'est ainsi que s'écoula le reste d'une affreuse
journée et cette nuit éternelle, dont les heures ne
marchaient pas. Mademoiselle de La Fosse-Landry
s'était volontairement constituée prisonnière, par

attachement pour son oncle, l'abbé de Rastignac, vieillard respectable, martyr de l'honneur et de la religion, massacré dans le jubé même de la chapelle. Cette malheureuse femme, plus gémissante que jamais, était tellement troublée que, lorsqu'il entrait une nouvelle figure de garde national (et ces apparitions étaient fréquentes), elle ne manquait pas de lui dire qu'elle n'était pas prisonnière, qu'elle était venue soigner son oncle, qu'elle était la nièce du général Biron, un des plus grands généraux du royaume, (paroles perdues, car la pitié qu'elle cherchait à exciter ne croissait pas en proportion des peines qu'elle se donnait pour la faire naître.)

Madame de Besse, écrouée sur le registre, était prisonnière ; son mari avait été soupçonné d'avoir travaillé au journal de l'abbé Royou [1]. On avait été chez lui et, ne l'ayant pas trouvé, on avait arrêté sa femme. Le caractère naturellement doux de celle-ci n'avait pas la force suffisante à soutenir une pareille épreuve, elle en était accablée, et je remarquais, au travers de son agitation, combien pourtant elle était occupée d'un petit chien qu'elle tenait continuellement sous son bras. La pauvre bête, haletante, était prête à mourir de chaud ; il fallait la mettre à terre et presque aussitôt la reprendre pour qu'un aboiement indiscret ne trahît pas le secret de notre retraite.

Parmi nos compagnes d'infortune, nous avions vu arriver mademoiselle Cazotte, avec une mulâtresse, sa

1. Thomas-Maurice Royou, publiciste français, né à Quimper vers 1741, mort à Paris, le 21 juin 1792.

femme de chambre. Elle avait été renfermée dans la prison avec son père, pour avoir écrit sous sa dictée les lettres trouvées dans les bureaux de la Liste civile, et qui, depuis, ont conduit à l'échafaud cette honorable victime du royalisme, échappée aux massacres de l'Abbaye. Elle s'était justifiée à son interrogatoire, mais elle n'avait pas voulu quitter son père, et elle avait été arrachée d'auprès de lui pour être conduite parmi nous. Avec la même sensibilité que mademoiselle de Sombreuil, elle en était bien loin pour cette sorte d'énergie qui force jusqu'à la volonté des bourreaux. Elle exprimait ses regrets de la violence qu'on lui avait faite pour la séparer de son père, et, pendant toute la nuit, s'adressant aux horribles figures qui venaient nous troubler, elle leur demandait des nouvelles d'un vieillard qu'elle désignait parfaitement. L'infortunée croyait les attendrir, en leur disant qu'elle était sa fille ; mais Marie-Jeanne, aussi rude que sa maîtresse était douce, lui disait avec aigreur : — « Pour ça, mam'zelle, il faut que vous soyez ben bête ! Monsieur votre père est un vieillard auquel on ne pense pas ; vous le nommez ; vous voulez donc le faire tuer ? » — La pauvre mademoiselle Cazotte lui répondait avec douceur : — « Eh ! mon Dieu, Marie-Jeanne, je sais bien que vous avez raison ; alors, je ne parlerai plus de mon père. » — « Ah ! ben oui, si vous pouvez vous taire », répliquait la mulâtresse. — Il entrait quelqu'un et mademoiselle Cazotte, oubliant les remontrances et cédant à ses inquiétudes, recommençait toutes ses questions.

Des deux autres personnes qui partageaient notre prison, l'une était une jeune femme, d'une très jolie figure et qui passait pour être la garde d'un officier Suisse, blessé à la journée du 10 août. J'ai eu des raisons, depuis, pour croire qu'elle était son amie. Elle m'a intéressée singulièrement par sa modestie, par ses sentiments et sa manière de les exprimer. Je lui dois personnellement de la reconnaissance, car elle m'avait offert un asile chez elle, dans un quartier très éloigné, fort peu connu, et où j'aurais été parfaitement en sûreté, en cas que j'eusse voulu rester cachée en sortant de prison. L'état dans lequel elle passa la nuit la trahit à mes yeux; cependant je m'interdis de lui faire aucune question et je ne voulus pas lui laisser voir que je soupçonnais qu'elle n'était pas ce qu'elle voulait paraître; mais, au moment où elle apprit que l'officier Suisse qu'elle soignait (M. Reding, car pourquoi ne pas le nommer?) venait d'être assassiné, elle tomba dans un état affreux, elle perdit connaissance, et ne revint à la vie que par une longue attaque de nerfs, à la suite de laquelle elle resta abîmée dans sa douleur, sans proférer une seule parole.

L'autre était la véritable garde-malade, une bonne paysanne qui se roulait par terre de douleur et se frappait la tête contre les murs. Elle regrettait les soins qu'elle avait donnés de si bon cœur; elle étouffait de sanglots; elle pleurait à chaudes larmes; rien ne pouvait la consoler. Ensuite, elle se mit à calculer le prix de ses journées; elle s'occupa de ses effets et finit par s'endormir profondément.

Voilà les personnes avec lesquelles je passai cette nuit effroyable. Ma femme de chambre ne m'avait pas quittée. Touchée des marques de son attachement, je m'étais occupée de son sort, et j'avais demandé au concierge de la faire passer comme la domestique de la maison, mais elle s'y refusa, avec un courage qui ne me permit pas d'insister ; elle voulut paraître au tribunal comme moi.

Au milieu de tant d'épouvante et d'horreur, c'était une consolation de pouvoir exprimer tout haut nos sentiments et nos pensées ; car il n'y avait parmi nous qu'une seule et même opinion. J'avais repris mon courage et je travaillais, entourée de toutes ces personnes, qui étaient tout à fait bonnes pour moi. Mademoiselle de Sombreuil m'apparut un moment pour venir me dire adieu. Presque aussitôt, M. Chancy entra : « Madame de Tarente, me dit-il, en s'approchant de moi, me voilà. J'ai donné ma parole à votre famille de vous ramener à elle, ou de périr avec vous, si tel est votre destin. Evitons tout air d'intelligence ; je m'éloigne pour vous mieux servir. Vous voyez que je suis armé, afin de ne pas paraître suspect. Ne vous alarmez pas, tâchez d'être tranquille ; je retourne à la porte de la prison, d'où je viendrai souvent vous rendre compte de ce qui se passera. » La pensée que cet homme était là, et pour moi, me rendit du courage et je me trouvai plus calme.

Cependant des cris de rage et de douleur se faisaient entendre et pénétraient sourdement jusque dans notre retraite. Lorsque M. Chancy revint, je lui en demandai la cause; il n'eut pas de peine à me tromper; j'avais besoin de croire à tout ce qui pouvait tranquilliser ma pauvre tête. Mais ces cris affreux se prolongeaient et me faisaient tressaillir, toutes les fois qu'ils arrivaient jusqu'à nous. Les autres femmes, à demi mortes de frayeur, se joignirent à moi. Nous insistâmes, et M. Chancy, à qui il en coûtait de m'enlever ma sécurité, fut forcé de nous dire que, la municipalité ayant fait différentes proclamations à la porte, le peuple ne voulant entendre à rien et devenant plus furieux, la prison avait été forcée; qu'on avait été obligé de lui livrer les officiers Suisses, et que leur mort excitait ces cris prolongés. — Je ne puis exprimer quelle affreuse clarté cette nouvelle porta dans mon âme. Je me vis perdue. Mon nom, ma figure, connue de tant de monde par mon assiduité auprès de la Reine, tout me disait que mon sort allait être le même que celui de ces malheureux ; mais la réflexion me rendit maîtresse de moi, je repris un air apparent de tranquillité et, toute préoccupée que j'étais, je n'en remarquai pas moins que j'inspirais par là plus d'intérêt à mes malheureuses compagnes, dont la position n'était pas meilleure que la mienne; car je les regardais bien alors comme autant de victimes dévouées à la mort.

La prison était forcée, mais une espèce d'ordre, inconcevable au milieu de ce désordre, faisait qu'il y était entré peu de monde et empêchait qu'il ne se commît des meurtres au-dedans. On les réservait pour le peuple qui était resté en dehors, où il attendait ses victimes. Nous aurions pu compter celles qu'on immolait, au retour périodique des cris de mort qui se renouvelaient toutes les cinq minutes.

Vers minuit, on vint nous chercher pour nous confronter avec le registre de la prison, devant ce tribunal sans mission qui s'était érigé de sa propre autorité et avait déjà jugé à mort plus de cinquante personnes. Il avait établi sa séance dans la pièce même du guichet. C'est un carré, noir comme l'enfer, où des furies présidaient aux jugements sanguinaires qui s'y rendaient.

Je descendis, à travers la même obscurité, ce long escalier que j'avais monté huit jours auparavant. La porte par laquelle j'entrais faisait face à la table où s'étaient placés ces horribles juges. J'avais à ma droite celle de sortie. Une lampe obscure éclairait à demi le gouffre infect où l'on hurlait plutôt qu'on ne parlait. Mes genoux fléchissaient ; je m'approchai en tremblant de cette table, entourée de vingt personnes, dont les figures étaient atroces. Une seule était assise, c'était le président ; il tenait le registre sur ses genoux. Il me demanda mon nom et depuis quand j'étais en prison. Il cherche au jour indiqué, trouve que ma réponse est exacte, et me dit de me retirer. En me retournant, j'aperçus encore mon amie, mademoiselle de Sombreuil, qui ne quittait plus son père. Je lui tendis la main, et je mêlai mes vœux aux siens, pour la conservation de l'être chéri sur lequel elle veillait avec tant de soins.

Les autres femmes, après avoir répondu aux mêmes questions que moi, avaient été également renvoyées et nous nous retrouvâmes dans cette même chambre, qui resta ouverte toute la nuit. Je crois que tout ce qui était dans la prison y passa successivement. Des hommes hideux, couverts de sueur, de poussière et de sang, venaient partager notre solitude, et nous faire les affreux récits des scènes de carnage dont ils avaient été les acteurs ou les témoins. Un d'eux tira son sabre (c'était un jeune homme), nous assura de son intérêt, nous dit qu'il était résolu d'épargner les femmes, et sur la lame ensanglantée, il jura, de la manière la plus énergique, qu'il nous sauverait. Les cris du peuple n'étaient interrompus que pendant le simulacre du jugement rendu par le tribunal ; mais, bientôt renouvelés, ils nous apprenaient qu'un nouveau massacre avait encore précédé le nôtre. Deux juges de paix avaient été amenés dans la prison ; on ne leur pardonnait pas d'avoir rempli le devoir de leurs fonctions en dressant le procès-verbal des dégâts faits au château le 20 juin. L'un d'eux, M. Bosquillon, avait cru trouver sa sûreté en allant se cacher dans une soupente, sous le lit de la cuisinière. Le malheureux ne tarda pas à y être découvert. Les cannibales y accoururent en foule, ils se le disputaient avec des cris féroces. — « Je vois sa tête, disait l'un. Ah ! le scélérat qui se cache ! » — « Son affaire ne sera pas longue ! » disait l'autre. A demi disloqué par ses bourreaux, dont l'un l'entraînait par une jambe, tandis que l'autre le retenait par un bras, relevé à peine sous les coups que lui portait cette horde de sauvages, que sa résistance rendait encore plus furieux, nous le vîmes passer devant notre porte et, bientôt après, les cris du dehors nous apprirent que son martyre était fini.

Les nouvelles que M. Chancy nous rapportait n'étaient nullement rassurantes ; mais je désirais sa présence ; elle me semblait une égide, et lorsque je le voyais revenir, je me croyais moins malheureuse.

La porte s'ouvrait et se fermait, à chaque instant. Un garde national ivre-mort entre, et, posant sur la table une bouteille qu'il tenait dans la main : — « C'est pour vous, nous dit-il, le peuple vous la donne. » — Il était à peine sorti que nous voyons entrer dans la chambre un homme, escorté par des gens armés et suivi d'un guichetier. Il avait son chapeau sur la tête ; il l'ôte et salue. Aussitôt la troupe lui tomba sur le corps : « C'est un aristocrate ; il faut le tuer ! » Le malheureux, plus tremblant que la feuille, se réclame d'un garde national de ses amis, dit qu'il est marchand éventailliste de la rue Saint-Honoré. Le guichetier, tremblant de peur, se montrait plus méchant que les autres pour gagner la bienveillance du peuple, et, pendant qu'on avait été chercher le garde national dont cet homme implorait l'assistance, on le laissa au milieu de nous. Alors il m'adressa la parole et me dit : — « Je vous connaissais, madame, pour vous avoir vue aux Tuileries avec la Reine. Vous ayant aperçue en entrant, je n'ai pu m'empêcher de vous saluer ; voilà tout mon crime. Peut-être il me

coûtera la vie. » — Je le voyais pâle, effrayé ; il
m'avait communiqué sa peur. Le peu de mots qu'il
venait de dire me faisaient trembler ; car je ne doutais
pas que, s'il venait à les répéter à son interrogatoire,
sa déposition ne devînt le préliminaire de mon jugement. Heureusement, pour lui et pour moi, le garde
national vint le reconnaître et il fut mis en liberté.

L'importunité de cette rencontre fut suivie de vingt
coups de poignard, plus sensibles mille fois que ceux
des assassins sous lesquels on expire. Mon souvenir
repousse ce que j'ai entendu ; ma main se refuse à
l'écrire ; mais il faut, malgré soi, consigner ici le
dernier trait du délire et de la barbarie que la postérité
des Français ne pourra jamais croire.

Un homme, d'une figure atroce, vomissait au dehors
des imprécations ; il lui manquait de nous les faire
entendre, et, poursuivant ses propos forcenés : —
« Oui, dit-il, en s'avançant sur le seuil de la porte,
si on me disait d'aller au Temple et d'apporter la
tête de Marie-Antoinette, j'irais tout à l'heure et
de sa peau je couvrirais mon tambour ! »

La nuit enveloppa de son ombre toutes ces horreurs ; le jour ne paraissait point encore, il était deux
heures du matin, lorsque le concierge se montra
tout à coup parmi nous. Cet homme, que j'avais toujours eu du plaisir à voir, dont j'avais tant éprouvé
l'humanité, ne me parut plus, au premier moment,
qu'un des bourreaux de la prison. Il était en habit de
garde national, sa physionomie était décomposée, sa
voix altérée, ses vêtements couverts de sang... Ah !
ce n'était pas de celui qu'il avait fait couler ! Le sang

innocent avait rejailli **sur** lui, et le malheureux homme
avait couru les plus grands dangers, en essayant de
sauver un de ses prisonniers. Il venait nous encourager, nous assurer que nous sortirions sûrement,
mais qu'il fallait attendre que le jour fût venu. Sa
figure reprenait insensiblement son caractère de
bonté ordinaire, et nous y lisions la satisfaction qu'il
avait de nous revoir. Je lui demandai des nouvelles de
mademoiselle de Sombreuil; il me dit qu'elle était
toujours avec son père.

Je comptais les heures ; elles coulaient silentement !
et mon impatience hâtait le moment de connaître
enfin mon sort ; mais, malgré toutes les apparences
du danger qui me menaçait, je ne sais quel pressentiment m'assurait que je serais sauvée. Je le devais
sans doute aux sentiments d'affection qui me ratta-
chaient à la vie. L'espérance me replaçait au sein de
ma famille ; je me retrouvais dans les bras de ma
mère, et le bonheur de faire cesser le tourment de
son inquiétude devenait alors la plus douce de mes
pensées. Je m'y abandonnais tout entière, je repre-
nais de la force, et c'était dans la vue consolante de
lui être rendue que je calculais les moyens de m'arracher à mon horrible situation.

❧ ⋯ ⋯ ❧

LUNDI, 3 SEPTEMBRE

A sept heures du matin, M. Chancy vint me dire
qu'il fallait descendre, que nous allions sortir, que le

peuple se montrait moins féroce et mieux disposé.
Quelques hommes se mêlèrent parmi nous, entre
autres, M. de Champlâtreux et M. Rousseau, maître
d'armes des Enfants de France. Je ne dépassai pas
de beaucoup la porte qui entrait dans le guichet, je
me trouvai à la hauteur de celle de sortie ; la partie
supérieure en était grillée ; malheureusement mes
yeux s'y portèrent : je vis, au travers des barreaux,
la rue teinte de sang ; je le vis couler entre les pavés ;
mon cœur se souleva, je fus près de tomber. M. Chancy,
qui n'était pas plus rassuré que moi, me soutint un
moment, et, quand il me vit un peu remise, il se mit
à me répéter tout ce que je devais dire au tribunal.

Lorsque M. Rousseau, qui était le premier et le plus
avancé dans le guichet, se présenta à ses juges, sa
taille manqua de lui coûter la vie. — « Au garde du
Roi ! » cria-t-on tout de suite. M. Chancy eut une telle
frayeur qu'il nous fit rentrer, moi et les autres femmes,
et remonter au plus vite dans cette chambre que nous
venions de quitter.

En repassant par mon premier logement, j'y retrouvai
mademoiselle de Sombreuil : sa figure était effrayante.
— Ses yeux, naturellement doux, étaient devenus fixes
et ardents. Elle environnait son père ; elle l'avait
enlacé dans ses bras ; elle le couvrait de son corps.
Jamais, non, jamais on ne verra rien de si touchant !

Je courus à elle ; mais on ne voulut pas m'y laisser,
et l'on me força de rentrer dans notre triste asile, dont
on referma la porte sur nous. Comme elle ouvrait en
dedans, et que je m'étais familiarisée avec ces horribles

figures, qui, pendant toute la nuit, y avaient passé
comme des ombres, j'allais l'ouvrir de temps en
temps, pour les regarder encore. Mais quel fut mon
étonnement! je crus que c'était une illusion et que
mes yeux me trompaient. J'aperçois le valet de
chambre de ma mère. Incertaine, tremblante, je
m'approche de lui ; mes questions se précipitent. —
« Comment êtes-vous entré ?... Quand avez-vous quitté
ma pauvre mère?... Dans quel état l'avez-vous laissée?...
Sait-elle que j'existe encore ? » — « Je vous réponds
que vous la verrez, répondit-il. Elle se portait bien,
hier, à cinq heures du soir, quand je l'ai quittée sans
qu'elle le sût, pour venir m'enfermer ici. Prenez courage, tout va bien. Mais gardez-vous d'avoir l'air de
me connaître. »

Je remerciai le Ciel de la protection visible qu'il
m'accordait. Je repris confiance : j'étais secourue, et les
soins qu'on prenait de moi semblaient me présager que
je ne trouverais pas mon tombeau à la porte de l'Abbaye.

Pour témoigner à mes compagnes ma reconnaissance de l'intérêt qu'elles me marquaient et les tranquilliser sur leur propre sort, moins hasardé que le
mien, puisqu'aucune n'ayant approché de la Cour,
elle n'avaient pas à expier ce crime impardonnable, je
leur promis, et elles m'en surent gré, de me présenter
la première à cet affreux tribunal, mon sort, quel
qu'il fût, devant favorablement influer sur le leur.

On avait permis à mademoiselle Cazotte d'aller passer
une heure avec son père ; le bon vieillard en avait
dormi huit sans se réveiller.

J'étais assise sur le lit, plus livrée à mes réflexions qu'à la lecture de quelques journaux que j'avais devant moi, lorsqu'un Marseillais hideux vint se placer à mes côtés. Il me fit très grand'peur, car il était ivre. Il s'empara familièrement de mes papiers qui étaient bien dans son sens... un Brissot... un Gorsas... Il voulut lire ; il n'était pas en état de distinguer une lettre. Alors, pour adoucir cet homme féroce, je lui proposai de lui faire la lecture du journal. Il me fit un signe d'approbation, et moi, respectueusement debout devant lui, j'eus la patience de lui lire une page, qu'il n'écouta seulement pas. Puis, se levant brusquement, il m'arracha mes papiers, qu'il mit dans sa poche et se retira.

Les mêmes cris lugubres de la veille avaient recommencé, et l'horreur de notre situation était redevenue la même. Le devoir d'en sortir d'une manière quelconque me tenait dans une agitation insupportable. Cependant la matinée s'avançait et on n'osait pas nous faire descendre.

L'état dans lequel j'avais laissé mademoiselle de Sombreuil pesait affreusement sur mon cœur ; j'en demandai des nouvelles à M. Chancy ; je le suppliai d'employer tous ses soins à la sauver, elle et son père. Il me le promettait, mais il ne pensait pas alors que ce que je lui demandais fût possible.

Madame La Vacquerie, qui avait passé la nuit hors de la prison, y rentra sur les dix heures. Elle nous rapportait, la pauvre femme, du pain bien sec, et du bouillon aigre ; mais elle nous le donnait de si bon

cœur, que pour moi j'avalai le pain et je bus le bouillon, tout comme si c'eût été la meilleure chose du
monde.

M. Chancy était venu me dire qu'il n'osait pas
encore m'emmener, qu'il fallait prendre patience. —
« Eh bien ! monsieur, employez donc cet intervalle :
sauvez, je vous en conjure, monsieur et mademoiselle
de Sombreuil. Vous aurez déjà beaucoup fait pour
moi, et le reste suivra, j'en suis sûre. »

Je saisis aussi le moment de faire les mêmes
instances auprès du valet de chambre de ma mère.
Cet excellent homme avait pris, pour m'être utile, le
costume et le langage de tous ces scélérats. Il était
parvenu à obtenir leur confiance, et lorsqu'il s'en fut
assuré, il leur avait demandé s'il y avait des femmes
dans la prison. « Oui, » lui avait-on répondu. — « Eh
bien ! jurons tous qu'elles seront épargnées et sauvées par le peuple ; c'est une action digne de lui. » —
Les brigands le jurèrent, et, en effet, aucune des
prisonnières de l'Abbaye n'est tombée sous leurs
coups.

Il fallut faire un peu de toilette. Madame La Vacquerie me prêta un bonnet de linon, pour me présenter devant mes juges, mes assassins ou mes sauveurs.
Chacune de nous se soigna du mieux qu'il lui fut
possible, parce que nous étions toutes dans notre
habillement de prison ou dans notre déshabillé du
soir, et l'un ne valait pas mieux que l'autre.

Vers onze heures, M. Manuel vint encore nous
visiter. Il était pâle, abattu et n'osait pas nous regar-

der. Il se voyait entouré de femmes, et il pensait sans doute qu'elles allaient être assassinées. Ce n'était plus cet homme triomphant, s'applaudissant des crimes qu'il faisait et laissait commettre ; il n'était plus le maître d'arrêter les fureurs qu'il avait excitées, et lui-même, à la porte de la prison, avait pensé en être la victime.

Soit inquiétude du danger que nous courions, ou plutôt terreur de celui auquel il venait d'échapper, il ne put balbutier que quelques mots. Sa visite m'avait laissé des idées pénibles ; je cherchais à en effacer l'impression, lorsqu'un gendarme national, fumant sa pipe, ouvre la porte et vient par ses récits nous glacer d'un nouvel effroi. — « C'est pour vous, mesdames, que je suis ici, nous dit-il ; j'y suis venu pour vous sauver, mais il est bien malheureux de n'être pas double, car je voudrais être tout à la fois à l'Abbaye et à la Force. » Il nous raconta qu'il y avait laissé madame de Lamballe, madame de Tourzel et sa fille, qu'elles couraient le plus grand danger, que le peuple était furieux et qu'il était vraisemblable qu'à cette heure même elles étaient massacrées. Mes yeux se remplirent de larmes, je n'osai plus lui faire de questions ; j'étais au supplice. Oh ! qu'alors il m'en aurait peu coûté pour aller me jeter au milieu de ce peuple d'assassins ! Ecrasée sous ce surcroît de malheur, pauvre Pauline, je vous voyais sans cesse ! A quoi donc avaient servi les soins que je m'étais donnés pour lui conserver une vie qu'elle était destinée à perdre si peu de temps après ? Quelle constante fata-

lité poursuivait encore, dans sa respectable mère, la
gouvernante des Enfants de France !... et vous, la
plus infortunée de toutes, princesse, si tendrement
attachée à la Reine, que nous aimions à l'envi les
unes des autres. En entendant ce récit, je vous ai
crues toutes perdues ; un faible rayon d'espérance
pénétrait à peine dans mon imagination troublée.

J'étais dans cet abandon et ce découragement, lorsque vers deux heures nous entendîmes des cris qui se
prolongeaient d'une manière horrible ; je cherchais
toujours à démêler si c'étaient des cris de fureur ou
de joie ; car la joie et la fureur de ces sauvages avaient
à peu près la même expression. Tout à coup je vis
accourir M. Chancy. A peine pouvait-il parler, tant il
était ému ; des larmes coulaient sur ses joues. Il me
cria de loin : « Ils sont sauvés ! Ces cris que vous
entendez, me dit-il, sont des cris de joie : on les reconduit en triomphe aux Invalides. » Le peuple demandait la tête de M. de Sombreuil ; on éloignait en vain
le moment de le livrer ; toute résistance devenant
inutile, le tribunal allait prononcer le fatal arrêt, lorsque sa fille s'est avancée. Elle a dit que c'était trop
attendre ; que son père mourrait mille fois avant de
subir la mort ; qu'un loyal gentilhomme comme lui
ne la craignait pas ; qu'il la demandait ; mais qu'elle
suppliait en grâce de la faire mourir avant lui, et que
ce fût sur son corps qu'on immolât son père. — Elle
a dit si bien et d'un ton si imposant, que tous ceux qui
l'entendirent furent pénétrés d'intérêt et de respect
(tant il est vrai que la vertu retrouve toujours ses droits,

et que les scélérats eux-mêmes sont forcés de reconnaître son empire !) On a vu des larmes couler de leurs yeux. « Grâce ! grâce pour M. de Sombreuil ! » répétait-on de tous côtés... « Grâce, ont dit les juges, et qu'on annonce au peuple que nous répondons de lui. » Et le peuple, prévenu, passe en un instant de l'ivresse de la rage à celle de la joie en apprenant qu'il est absous. Le père est sauvé par sa fille et c'est elle qui le devance encore en se présentant la première aux assassins désarmés qui les félicitent et les embrassent. — On les élève en l'air, et, posés sur les épaules, aux acclamations générales, deux portent le père et deux autres la fille en triomphe, tandis qu'on a joint leurs mains enlacées par un ruban pour qu'ils ne soient plus séparés. J'ai su, depuis, qu'après une marche fort longue, ils arrivèrent aux Invalides ; que les malheureux vieillards, dont on avait égaré la tête, n'avaient témoigné aucun plaisir à revoir leur gouverneur, qu'avant la révolution ils regardaient comme leur père, et que même, en se retrouvant parmi eux, il avait couru quelque danger.

Peu de temps après, mademoiselle Cazotte eut aussi le bonheur de contribuer à la bienveillance qu'éprouva son père ; mais le destin ne fit que suspendre ses coups, et le malheureux vieillard n'échappa au fer des assassins que pour aller tomber sous celui des bourreaux.

M. de Champlâtreux avait été absous et ramené chez lui par des canonniers, auxquels il eut la générosité de demander le même service pour moi, en les

priant de ne pas m'abandonner jusqu'à ce que j'eusse
été remise à ma famille, et de lui rapporter alors un
billet de moi pour le tranquilliser sur mon sort. Ils le
lui promirent et tinrent parole, car les deux hommes
ne me quittèrent plus. L'un d'eux ne cessait de me
répéter : « Gardez-vous bien de vous nommer. » —
J'en sentais le danger comme lui, mais je voyais la
chose impossible, puisque mon nom était écrit sur le
registre que le président avait sous les yeux. Cependant, il tenait à son idée avec une telle obstination
qu'il fallut lui promettre que je ne me nommerais pas,
et il parut plus tranquille.

La journée s'avançait et je ne voyais rien encore se
préparer pour notre sortie ; j'étais avec mes compagnes,
lorsque de nouveaux cris se firent entendre autour de
nous. C'était le jeune et malheureux M. de Maussabré,
aide de camp du loyal duc de Brissac, non moins
infortuné que lui. Il avait espéré trouver son salut en
montant dans une cheminée ; mais il y fut découvert ;
on lui tira des coups de fusil. Atteint mortellement, il
eut encore le courage de résister à la douleur et de ne
pas descendre ; on prit alors le parti de brûler de la paille
mouillée, la fumée le suffoqua, il tomba, blessé, brûlé,
à demi mort, fut entraîné et livré au peuple, qui
acheva de le massacrer.

Enfin, à cinq heures, M. Chancy vint me dire qu'il
fallait me préparer à paraître ; il mit la plus grande
attention à m'indiquer, à me répéter les réponses qu'il
faudrait faire à mes juges ; il me priait surtout de les
bien retenir, et son intérêt pour moi lui suggéra tout

ce qui pouvait contribuer à me tranquilliser. Il faut
l'avouer, j'avais besoin d'être encouragée : jamais je
ne m'étais sentie si troublée. Enfin, je descendis,
accompagnée de M. Chancy, de Mentel (c'est le nom
du valet de chambre de ma mère), des deux canonniers
et de ma femme de chambre. Madame de La Fosse-
Landry et madame de Besse nous suivaient.

Arrivées au bas de l'escalier, on nous y fit rester
quelque temps. Ensuite, nous avançâmes dans le
guichet. Là il fallut encore attendre, parce qu'on
jugeait un prisonnier. Il se défendait à haute voix,
mais toutes celles qui couvraient la sienne l'empêchaient
d'être entendu. « A la Force ! » dit le président, et l'on
sait que ce mot voulait dire : « A la mort ! » Il passa
devant moi ; ma femme de chambre, de la place où
elle était, lui vit arracher son habit avant de le livrer
au peuple, et des cris de douleur ne nous laissèrent
plus d'incertitude sur son sort.

J'avançais avec peine, au milieu de la foule qui
remplissait la chambre ; il y régnait une chaleur suffo-
cante, et, quoiqu'il fît très grand jour, l'obscurité y
était presque entière. Je m'approche en tremblant de
cette table, qu'entouraient les juges ; elle était couverte de papiers, de bouteilles, de verres, de pipes et
de sabres. Parmi ceux qui rendaient les arrêts de
mort, les uns étaient assis, les autres debout. Plusieurs,
ivres ou assouvis de sang, s'étaient endormis. A une
fenêtre grillée qui donnait sur une cour, étaient sus-
pendus des hommes qui en interceptaient la lumière
et qui applaudissaient ou improuvaient les jugements.

J'avais comparu devant ce tribunal et j'attendais...
quoi ?... Peut-être la mort... En regardant ces affreux
personnages dont mon sort dépendait, un seul, me
disais-je, n'a qu'à prononcer un mot, et deux cents
bras, obéissant à leur rage, vont tout à l'heure me
mettre en morceaux ! Leur regard sinistre était fixé
sur leur victime. Le président fait faire silence. — Il
me demande mon nom. — Je me trouble ; mais il n'y
avait pas à balancer, la nécessité commandait, il fallait obéir. — Je répondis : « Madame Tarente. »
On m'avait bien prescrit de retrancher le *de*, afin de
me déguiser davantage. Je regardais avec inquiétude
l'effet que mon nom allait produire. Je n'aperçus
aucune impression défavorable, et, comme j'avais
toujours craint d'être condamnée sur mon nom seul,
je commençai à me sentir soulagée. — « Depuis combien de temps êtes-vous en prison? » me dit le président.
— Je m'enhardissais, je m'avançai et, feuilletant avec
lui le registre, je lui indiquai la feuille qui constatait
que j'y étais depuis le 27 août. — « Pourquoi y avez-
vous été conduite ? Qu'est-ce que dit l'écrou ? » Il lit
et, n'y trouvant pas le motif de mon arrestation :
« Dites, vous-même, continue-t-il, la raison pour laquelle
vous êtes ici. » — Plusieurs voix s'élevèrent de l'au-
ditoire pour donner aussi leur avis ; on les pria de
se taire et d'attendre que j'eusse répondu. Je pris la
parole, mais ma prononciation se ressentait de l'agitation de mon âme et, me bornant au simple exposé
des faits, je dis : « J'ai été arrêtée le 26 août ; on
a mis le scellé sur mes papiers ; on m'a conduite

à la mairie ; j'y ai été interrogée pendant deux
heures ; on a été content de mes réponses. J'ai été
ramenée chez moi, où deux membres du Comité ont
fait la levée des scellés, n'y ayant rien trouvé qui
fût à ma charge ; on m'y a laissée sous la garde d'un
gendarme national, pour retourner le lendemain à la
mairie, où j'ai subi un second interrogatoire ; après
quoi, pour ma propre sûreté, on m'a envoyée ici, sous
la protection de la loi. » — « Madame, dit alors le président, est ici par ordre du Comité de surveillance ;
il faut qu'elle remonte dans sa chambre, jusqu'à ce
qu'on ait eu des éclaircissements sur le sujet de sa
détention. » Rien n'était plus conséquent sans doute
que cette opinion, mais elle fut un coup de foudre
pour moi. — « Non, monsieur, j'y suis toute décidée,
je ne remonterai pas ; il faut que ceci finisse d'une
manière ou d'une autre. Ou périr sous cette porte, ou
retourner à ma famille. » — Ma vivacité fit trembler
M. Chancy, il me conjura de me calmer, et, s'adressant
au président : — « Monsieur, voulez-vous bien, je vous
prie, continuer les questions ? » — Alors, on me demanda si j'étais mariée. — Je répondis oui. — Où était
mon mari. — M. Chancy, qui n'avait pas une distrac-
tion et veillait attentivement sur moi, me souffla dans
l'oreille, avant que le président eût achevé la question :
« Séparée. » C'était me redonner la vie, car je n'avais
plus assez de tête, pour rien inventer ni rien taire, et
je répétai : « Séparée. » — « Mais, quoique vous en
soyez séparée, me dit le président, vous devez savoir
où il est. » — « Quand on est séparée de son mari,

on ne s'inquiète plus de ce qu'il devient. » — On se
contenta de cette réponse et je fus congédiée.

Je me retirai plus morte que vive et très incertaine
sur mon sort, lorsqu'on appela ma femme de chambre.
Sans lui faire aucune question, on lui annonça qu'elle
était libre. — « Madame l'est-elle ? » — « Non. » —
« Je ne le suis donc pas et je ne sortirai d'ici qu'avec
elle. » — Elle fut couverte d'applaudissements ;
quelques voix crièrent que j'étais libre aussi ; d'autres
s'y opposèrent. Ce même Marseillais que j'avais
voulu désarmer par ma complaisance en lui lisant le
journal, s'éleva contre moi, mais on lui imposa silence.

Ma femme de chambre en se retirant du tribunal
était venue s'asseoir à côté de moi, sur un banc qui
faisait face à la porte de sortie, pendant que M. Chancy,
dont je remarquai bien l'intention, se tenait debout
devant moi pour me masquer l'horreur des massacres
qui se commettaient en dehors. — « Reposons-nous,
me disait-il, sur le valet de chambre de madame votre
mère ; il a plus de crédit que moi, et je vous sers mieux
en le laissant agir. »

Cependant, j'étais dans la plus effroyable situation.
Je voyais, j'entendais ces gens se disputer sur ce
qu'on ferait de moi ; — si je rentrerais dans la prison ; — si on m'en laisserait sortir ; — si on me
livrerait au peuple. M. Chancy était là et me soutenait
un peu dans cette terrible crise, pendant que le bon
Mentel, mourant d'inquiétude, affectait la tranquillité
et revenait à chaque instant me dire : « Allons, du
courage, tout va bien, vous allez sortir. »

J'avais presque perdu la faculté de penser. Dans cet état d'anéantissement, je revoyais ma mère, comme si elle m'avait apparu dans un songe. Tout à coup son nom prononcé par Mentel vint me rendre à la vie et me sortir de cette espèce d'égarement. — « Vous allez la revoir, me dit-il, vous êtes libre »... Il n'avait pas achevé de parler que j'étais debout et prête à m'élancer. — « Attendez quelques minutes encore, il faut que le peuple soit prévenu : le président écrit un billet que je vais afficher et proclamer au dehors pour que vous y soyez attendue. »

Le billet lui est enfin remis ; il le porte au peuple ; bientôt les cris se font entendre et, du même ton qu'on immolait des victimes, on célébrait mon innocence. Mentel était rentré. Il me remet le papier qui m'absout. Je l'ai encore, bien chiffonné, bien sale, taché de sang et de boue. — Il y avait écrit : — « Les deux dames que les citoyens mettent en liberté ne tiennent plus à rien dans la prison. — Signé : Maillard, président. »

« Il est temps, dit Mentel à Chancy, voici le moment, il faut sortir. » Mentel précède, M. Chancy prend un de mes bras, un canonnier l'autre ; son camarade suivait avec ma femme de chambre. Nous perçons la foule qui remplissait le guichet. Pliés jusqu'à terre pour passer sous la herse de la prison, nous revoyons le ciel, au sortir de ce gouffre, et nous sommes enfin dans la rue ! Là, les cris redoublent ; ils sont couverts par celui de « Vive la Nation ! » Je me trouve dans les bras de ces forcenés, armés de

sabres et dégouttants de sang. Ils m'entourent, ils
m'embrassent. Au milieu de cette foule, j'aperçois
un de mes gens ; j'en reconnais un de la duchesse
de Maillé ; j'y vois aussi un bon jardinier, qui me
vendait souvent des fleurs. Pendant que mon laquais
s'était emparé de mon bras, que celui de madame
de Maillé courait annoncer à sa maîtresse qu'il
m'avait vue et que le jardinier portait à ma mère la
nouvelle de mon arrivée, le peuple m'entourait, me
pressait jusqu'à m'étouffer, en m'engageant à crier
aussi : « Vive la Nation ! » mais ma bouche s'y refusait
et je faisais entendre par mes gestes qu'il m'était
impossible d'articuler aucun son.

Fatiguée par une si longue épreuve, étourdie des
cris qui se prolongeaient et surprise par le grand air
que je venais de respirer, M. Chancy s'aperçut que
mes genoux fléchissaient et que les forces allaient me
manquer. Elevant alors la voix au-dessus du peuple :
« Son innocence est reconnue, dit-il, il faut un
triomphe à madame ! » — Et deux cents voix répé-
tèrent : « Un triomphe à madame ! » A l'instant même,
Mentel et le canonnier m'élèvent dans leurs bras et
me portent sur les épaules. M. Chancy marche en
avant, mon laquais à côté de moi ; la foule nous
entourait en criant : « Elle est innocente et c'est le
peuple qui la sauve ! » — Ma femme de chambre suivait, portée par deux hommes (car elle avait aussi son
triomphe). Les bourgeois étaient sur leurs portes ou à
leurs fenêtres, d'où ils nous félicitaient. J'allai ainsi,
tout le long de la rue Sainte-Marguerite. Déjà beau-

coup de monde avait abandonné le triomphe ; je demandais que l'on mît fin à tant d'honneurs et qu'on eût la bonté de me remettre à terre. Je continuai ma marche plus modestement et d'une manière qui me convenait mieux, mais les cris m'accompagnaient toujours et l'importunité d'être en spectacle me suivit jusque chez moi.

Arrivée à la Croix-Rouge, je montai en fiacre avec ma femme de chambre, M. Chancy, Mentel ; un garde national et un canonnier s'y placèrent avec nous ; l'autre canonnier monta sur le siège. Devant, derrière et tant qu'il en put tenir, on surchargea la voiture. Je mourais d'impatience d'arriver ; j'avais prié qu'on allât vite, mais il n'y avait pas moyen, et le peuple, qui ordonnait, nous fit aller au petit pas. Nous tournons dans la rue du Bac ; j'arrive enfin à l'hôtel de Châtillon, et, pendant que le fiacre avançait dans l'avenue, ma mère était déjà dans la cour. Je l'aperçois, je me précipite et tombe à ses genoux. Ah ! combien cet instant me paya de mes peines !

Je me revoyais enfin dans l'appartement de ma mère, à côté d'elle, environnée des mêmes personnes que j'y avais laissées en m'arrachant de ses bras. Et de quelle émotion n'étais-je pas pénétrée auprès de M. d'Anlezy, au souvenir de ce qu'il avait fait pour moi ! — Le rapprochement du jour où il fallut nous séparer, à la porte de la prison, avec celui où je leur étais rendue, me mettait hors de moi. J'allais, je revenais, je parcourais les appartements ; j'éprouvais le besoin de me promener. La grandeur de cette maison, l'air qu'on y respire et dont j'avais été privée si longtemps, tout contribuait à me faire jouir d'une nouvelle existence, dont un prisonnier seul peut sentir tout le prix.

Le peuple qui nous avait suivis remplissait la cour et le vestibule, et, dans son ivresse prolongée, buvait le vin qu'on lui prodiguait à volonté, pendant que M. Chancy, dont rien ne pouvait payer les bienfaits, et le bon Mentel, que je venais de présenter à ma mère comme mon sauveur, recevaient d'elle et de nos amis les expressions de la plus sensible reconnaissance. « Vous avez besoin de repos et de vous voir plus à votre aise, dit M. Chancy ; je vais les emmener. » — Je crus convenable d'aller les voir avant qu'ils ne se retirassent et nous convînmes qu'au milieu d'eux, je n'aurais pas l'air de le connaître plus particulièrement qu'un autre.

Lorsque je fus descendue pour prendre congé de mon cortège, l'un d'eux me reprocha d'avoir souvent regardé derrière moi dans la rue Sainte-Marguerite, pour voir si l'autre dame suivait. « Vous ne savez donc pas qu'on n'est jamais plus en sûreté que quand on est entre les mains du peuple ? Vous avez montré une défiance que nous avons eu peine à pardonner. » J'étais trop contente pour n'être pas docile, et je ne répliquai pas.

J'écrivais, d'une main encore tremblante, le billet que le canonnier me demanda pour M. de Champlâtreux. M. Chancy, après avoir reçu les remerciements de tout ce qui s'intéressait à moi, et l'expression bien prononcée de ma part pour tout ce que je lui devais,

prit congé de nous, en me promettant de m'envoyer
un billet signé des membres du Comité de surveillance,
pour attester que le peuple m'avait jugée et trouvée
innocente. Il fut suivi, en se retirant, de tous ceux
qui l'avaient accompagné. L'heure s'avançait et nous
nous mîmes en chemin pour nous rendre chez madame
la duchesse de La Vallière. Ma mère, très aimée des
bourgeois et des marchands, ses voisins, les trouva
tous sur son passage, la félicitant sur mon retour.

C'était une joie générale dans la maison, où j'étais
attendue. Je partageai bien vivement celle de ma
grand'mère, à qui on avait eu la prudence de laisser
ignorer tout ce que j'avais souffert, et qui croyait tout
simplement que j'étais sortie de prison sur un ordre du
Comité.

On n'aura pas de peine à croire qu'au milieu du
trouble et malgré le désordre de mes idées, elles se
fixèrent avec le plus grand intérêt sur M. et mademoiselle de Sombreuil. J'avais prié ma mère d'envoyer
demander de leurs nouvelles et de leur faire savoir
des miennes ; mais, comme il n'est pas dans la nature
humaine d'éprouver de bonheur sans mélange, une
sombre inquiétude me faisait désirer et craindre d'être
éclairée sur la destinée de mes amies, renfermées
dans la prison de la Force. Le souvenir de ce que
j'avais entendu me poursuivait sans cesse, et je n'osais
interroger sur leur sort. J'étais tourmentée de cette
idée, lorsqu'on me remit un billet. Je reconnus l'écriture de madame de Tourzel et mon cœur tressaillit.
Mon œil en parcourait les lignes avec la rapidité de

l'éclair. Elle m'apprenait sa délivrance miraculeuse, celle de sa fille, et j'allais respirer librement, lorsque j'achevai de lire : « Que n'en puis-je dire autant de mon infortunée compagne [1] ! »

Mardi, 4 septembre
jusqu'au lundi 17, jour de mon arrivée en Angleterre.

Ma mère ne voulut plus me perdre de vue ; elle m'avait ramenée chez elle, où j'ai continué à loger jusqu'à mon départ de Paris. Je tombais de fatigue et de sommeil ; je dormis jusqu'au moment où je fus doucement éveillée, le lendemain, par mademoiselle de Sombreuil. Nous ne pouvions, l'une et l'autre, assez nous regarder. Après une aussi périlleuse captivité, nous avions peine à croire que nous nous retrouvions ensemble en liberté.

Je passais les matinées chez moi ; j'y voyais peu de monde ; je ne sortais qu'à la nuit, en fiacre, pour aller souper chez ma grand'mère. On m'avait recommandé la plus grande circonspection.

C'était, disait-on, sous un autre nom que le mien que j'avais été sauvée, et des rapports inquiétants sur ma réputation d'aristocrate me faisaient mourir de peur. Combien de fois me suis-je réveillée, saisie de

---

1. Mort de la princesse de Lamballe.

terreur et tremblant au point d'en imprimer le mouvement à mon lit ! On m'avait offert de me cacher dans Paris ; mais aurais-je pu y exister ailleurs qu'auprès de ma mère ?

M. Chancy était venu me revoir ; il m'engageait à la prudence, et cependant il me demandait de ne pas m'en aller. Je n'y pensais pas alors. C'était le troisième jour après ma sortie de prison. Il me vit fondre en larmes en lui parlant de madame la princesse de Lamballe. Je le priai de me faire rendre son billet et je lui demandai ce qu'on ferait de mon interrogatoire ; il éluda la première question et répondit à la seconde que mon interrogatoire serait brûlé et que ce serait une affaire finie.

Cependant mon beau-frère commençait à me tourmenter pour me faire quitter la France ; et moi, malgré ma peur, qui s'augmentait chaque jour et me rendait très malheureuse, je ne pouvais me décider à rien. Un jour, qu'il était venu me parler de ses projets et qu'il me trouva encore plus alarmée par le compte que m'avait rendu le suisse de ma mère, qu'un Marseillais, qui m'avait vue dans la prison, était venu, disait-il, pour m'embrasser avant son départ et qu'il reviendrait le lendemain, il me pressa plus fortement encore. Fatiguée du poids d'une existence à chaque instant troublée par la peur ou la contradiction : « Eh bien ! lui dis-je, je consens à partir, mais à une condition : c'est que vous ne m'en parlerez plus que pour me dire : « Tout est prêt. » Et je vous promets de vous suivre. »

Le Marseillais qui s'était annoncé ne manqua pas de venir. Je n'aurais pas osé le faire renvoyer. Je le reconnus pour l'avoir vu dans la prison s'attacher à madame de La Fosse-Landry. Il me raconta qu'il avait aussi sauvé un homme qui n'avait contre lui que d'être dévoué au Roi (c'était M. de La Chapelle, premier commis des bureaux de la Liste civile). Il me dit qu'il partait pour l'armée, mais qu'il avait voulu me voir auparavant. J'en fus quitte pour un adieu moins familier que celui dont j'étais menacée.

Cependant mon beau-frère avait fixé le jour de notre départ au jeudi 13 septembre, à six heures du matin. Ma mère n'avait pas approuvé ma résolution, mais elle ne l'avait pas contredite. Je ne la quittai pas d'une seule minute, pendant le jour qui précéda notre séparation. Elle devenait plus déchirante par le souvenir du bonheur que je venais d'éprouver en me retrouvant auprès d'elle. Je me reprochais comme une faiblesse de me mettre en sûreté et de la laisser à Paris. J'étais abîmée de douleur, d'inquiétude. — Enfin, le moment de partir arriva. Je m'arrachai de ses bras, baignée de ses larmes et des miennes. Je sortis par la porte du jardin et traversant à pied une partie du faubourg Saint-Germain avec mon beau-frère, son valet de chambre et des gens de ma mère, nous arrivâmes au Pont-Royal, où je montai avec eux dans un véritable fiacre qui avait le numéro 6. Nous trouvâmes sur le boulevard mon homme d'affaires qui s'était proposé pour nous accompagner, et, lorsque nous eûmes dépassé la barrière, je renvoyai à ma mère celui de ses gens qui nous avait suivis. Je m'étais munie de l'extrait du décret qui dispensait des passeports jusqu'à dix lieues en deçà des frontières. Dès le village de Samoy, au-dessus de Saint-Denis, nous fûmes arrêtées. Le grand cachet de l'Assemblée, la signature du président et notre air de misère favorisèrent notre passage. Nous arrivâmes à Luzarches pour dîner. Je faisais une route où j'étais si connue que je craignais d'y faire quelque fâcheuse rencontre. Il était nuit, lorsque nous fûmes à Clermont, et le jour ne paraissait pas encore lorsque j'en repartis. Mon cœur se serra en passant devant le château de Fitz-James, où j'avais fait de fréquents voyages dans des temps si différents ! Les patriotes y avaient fait une incursion ; ils avaient couvert le chemin de l'arrivée de tessons de bouteilles cassées. Nous nous arrêtâmes à Breteuil et nous arrivâmes d'assez bonne heure à Amiens, d'où nous renvoyâmes notre fiacre.

Il s'agissait de nous avoir des passeports pour nous rendre à Boulogne. Mon homme d'affaires travailla si bien qu'à neuf heures du soir, il vint nous avertir pour aller les chercher à la municipalité où ils nous furent délivrés. De son côté, mon beau-frère nous avait déterré une espèce de cabriolet à quatre places qui avait appartenu à un moine. C'est dans cet équipage que nous partîmes le lendemain pour Abbeville et, après y avoir fait viser nos passeports, nous poussâmes jusqu'à Bernay, où nous couchâmes à la poste. La maîtresse, qui était d'une stature colossale, avait une opinion très arrêtée sur les événements du 10 août. « Avant cela, disait-elle, on croyait le Roi pour nous, mais à présent, on sait bien qu'il nous trompait. » — J'essayais doucement de la ramener. — « Oh ! bien, continuait-elle, j'en sais plus que vous là-dessus : j'ai une fille établie dans la rue Saint-Honoré. Celle-là a tout vu et elle me l'a bien mandé. » Je quittai cette impitoyable raisonneuse et je m'en allai en pensant tristement qu'il en était partout de même et que c'était par ces grossières absurdités qu'on était parvenu à détacher le malheureux peuple de son Roi, en lui cachant tous les sacrifices qu'il avait faits et les peines qu'il avait éprouvées.

Pour devancer quatre ou cinq voitures, qui se trouvaient dans la cour, nous partîmes de très grand matin. Je me reposai à Montreuil, où il fallut encore montrer nos passeports, et, à cinq heures du soir, j'arrivai à Boulogne. Mon premier soin fut d'envoyer mon beau-frère chercher une de mes amies qui y était arrivée de la veille et, comme il s'était fait conduire par un garçon de l'auberge, celui-ci, présumant qu'il n'était pas venu pour rester, se mit à lui raconter, chemin faisant, comment il avait déjà fait passer plusieurs personnes et lui fit entendre que, si nous étions dans la même intention, il ne lui serait pas difficile de nous procurer la facilité. Mais il n'était pas prudent de s'expliquer encore, et mon beau-frère éluda par des réponses vagues.

La municipalité venait de recevoir un signalement de Paris ; elle se transporta à l'auberge où nous étions descendus, et, après nous avoir examinés, elle se retira, sans avoir l'air de nous suspecter. Cependant, nous avions eu grand'peur et, lorsque mon beau-frère me raconta la conversation qu'il venait d'avoir avec le garçon de l'auberge, je fus la première à penser qu'il n'y avait pas à hésiter et qu'il fallait à l'instant même conférer avec cet homme. Tout fut convenu entre lui et nous. Le soir même, il devait partir un paquebot ; il fut décidé que nous nous embarquerions, mais il survint quelque obstacle et notre agent nous annonça qu'il fallait attendre au lendemain, à moins que nous ne nous déterminions à passer dans une barque de pêcheurs. Je ne balançai pas et, surmontant la peur que j'ai de la mer, je me décidai sur-le-champ pour la barque. Après avoir congédié mon homme d'affaires qui nous avait été secourable, je fis mes adieux à madame de Lévis et je sortis à minuit, conduite par le valet de l'auberge, pendant que mon beau-frère suivait avec son valet de chambre. A un signal convenu, mon conducteur me quitte, un matelot bien sale me prend par le bras et me remet à un autre, qui m'aide à passer la planche, qui fléchit sous mes pas. J'entre dans le bateau, on me descend dans un trou, on me dit que je suis à fond de cale ; je m'y tapis. Mes compagnons en font autant et nous nous éloignons à la rame. Je voyais de ma place un ciel d'azur ; les étoiles brillaient, le vent était bon et en six heures nous devions être à Douvres. Mais il diminua, nous vîmes la côte de France pendant quatre heures, et après dix de navigation, nous abordâmes celle d'Angle-terre, le lundi 17 septembre, à dix heures du matin.

Je partis le jour même pour Londres, où j'arrivai
le lendemain et sans m'y arrêter. J'allai descendre à
Richemond, chez madame de Gand, qui me reçut
avec toute la joie qu'inspire la vue d'une amie qu'on
a pu croire assassinée. Les personnes de ma connaissance (il y en avait beaucoup à Richemond) et les
amis de madame de Gand s'empressèrent à me donner
des témoignages d'intérêt ; mais parmi ceux dont je
fus comblée, il en fut un que je n'oublierai jamais ;
la reconnaissance a marqué dans mon cœur à mademoiselle Fagnani (aujourd'hui comtesse de Yarmouth)
une place qu'elle y occupera toujours. Au départ de
madame de Gand, elle m'offrit un asile chez elle.
C'est là que j'ai trouvé toutes les consolations, toutes
les douceurs d'une société aimable, et la seule sorte
de bonheur auquel je puisse prétendre, dans mon exil
et loin de ma famille.

C'est auprès d'elle que j'ai tracé tous ces détails ;
c'est dans le calme de la solitude, dont après tant de
secousses j'éprouvais le besoin, que j'ai recueilli mes
idées, et je n'ai pas cru pouvoir mieux terminer un
récit écrit au sein de l'amitié, qu'en rendant hommage
à celle qui m'a si sensiblement accueillie.

LETTRES

DE LA PRINCESSE DE TARENTE

I

A MADAME LA DUCHESSE DE DEVONSHIRE

29 octobre 1793.

Tout est dit! la malheureuse Reine est immolée! Et elle a reçu le premier coup par l'infâme accusation faite au nom de son fils. Quel raffinement de cruauté que celui de préparer cet enfant depuis trois mois à devenir un instrument de parricide! *Et toi aussi!* aura pu dire cette infortunée. Et elle n'aura plus regretté la vie. Je ne vous parlerai pas de l'horrible jour! Il a été accompagné de toutes les indignités, de toutes les barbaries sauvages et de toutes les acclamations de cet exécrable peuple. La mort du Roi a été douce en comparaison de celle-ci. Elle a été tourmentée par l'horreur de la prison, par la maladie, par la longueur des interrogatoires, et elle n'a eu ni la consolation de voir ses enfants, ni les paroles de Malesherbes, ni testament, ni les secours salutaires de la religion, ni même cette affluence imposante qui soutient le courage d'un grand caractère. Je suis sûre qu'en partageant l'horreur générale de ce forfait, vous éprouvez aussi toute la douleur de l'attachement, sans compter celle de ce cœur si sensible au malheur d'autrui par l'impression de vos propres douleurs.

Vous ne me parlez pas de vos projets; vous attendez des lettres de M. Tissot, qui ne vous parviennent pas : je suis bien

aise que vous ayez le temps de vous remettre du premier
trouble de votre arrivée, de l'émotion qui vous attire plus
fortement vers vos enfants, au moment où vous vous sentez
plus près d'eux! Je compte que ce temps n'est pas perdu, que
vos parents et vos amis en profitent pour mesurer avec vous
vos sacrifices et le fruit que vous pouvez en espérer.

Ce que vous me dites de votre amie m'inquiète ; il me
revient de tous les côtés qu'elle est plus livrée à l'opposition
que jamais. J'ai lieu de le croire par la lettre qu'elle écrit au
prince. Elle ne peut être de bonne foi en lui disant que la
guerre recule, au lieu d'avancer le rétablissement de la
France, et que l'ordre ne peut revenir que par l'intérieur.
Quoi ! quatre cent mille hommes qui en emploient six cent
mille n'avancent pas les choses, ne secondent pas les insur-
rections de l'intérieur, ne présentent pas un appui et un
refuge aux mécontents ? Qu'est-ce que les efforts de votre
amie ? Qu'est devenu Lyon, faute du secours de l'Etranger ?
La masse des sans-culottes n'est-elle pas centuple de celle
des propriétaires ? Et cette masse peut-elle jamais être
convertie ? J'éprouve une vraie peine de la conduite de la
duchesse. Comment est-il possible qu'elle s'attache encore à
un parti qui n'est plus composé que de gens sans mœurs et
sans principes, et qu'elle n'oserait pas avouer comme *amis*, si
elle ne les avouait pas comme chefs de parti ? Que dirait le duc,
et le lord Spencer, et le duc de Portland, qui ont abandonné,
dans la question du moment, le parti qu'ils honoraient autrefois par leurs vertus ? Mais vous, comment n'avez-vous pas,
par votre raison, par votre amitié, de l'ascendant sur votre
amie ? Je ne conçois pas qu'on vous résiste. Pourquoi a-t-elle
déjà abandonné le doux projet de ne plus s'occuper que de
ses filles, que de ses dettes ? Je ne conçois pas qu'une âme si
douce que la sienne ait besoin de toutes les agitations de la
politique, et des passions de l'esprit de parti. Je vois d'ici
tout votre trouble à Richemond, et comme les paroles ne
voulaient pas venir. Soyez sûre pourtant que, non seulement

madame d'Hénin est très aimable, mais qu'elle a d'admirables et d'excellentes qualités. Je ne m'étonne pas qu'à la première vue, elles ne s'allient pas avec les vôtres ; en la connaissant davantage, vous vous entendrez mieux. Je sais bien bon gré à madame de Cambise de m'avoir fait honneur, et de vous avoir fait contenance de votre bonté et amitié pour moi. Si vous la revoyez, dites-le lui de ma part. Je n'ai plus aucune nouvelle de la situation de madame de Biron, et le dernier forfait augmente mes alarmes ; il ne prouve que trop que ces monstres n'ont aucun besoin de l'utilité d'un crime pour le commettre, bien au contraire ; leurs instincts pervers les font agir contre leur propre intérêt ; ils préfèrent des victimes à des otages. Adieu, chère milady.

J'ai appris avec plaisir que lord Hervey a parlé si haut et si justement que M. Frédéric a baissé la voix et le pavillon [1].

II

A MADAME LA PRINCESSE DE TALMOND [2]

Le 11 juin 1796.

Enfin, je l'ai reçue avant-hier, cette lettre charmante que vous m'aviez annoncée, ma bonne chère, et de vous dire le plaisir qu'elle m'a fait, c'est aussi impossible pour moi que de vous serrer maintenant dans mes bras. Je l'ai relue cent fois et j'ai eu le bonheur d'y retrouver la compagne chérie des plus

1. Copie.
2. Belle-sœur de la princesse de Tarente.

heureux jours de ma vie, ces temps où, ne connaissant point
la méchanceté des hommes, je vivais contente et tranquille.
Depuis notre séparation, que de maux de toutes sortes n'ai-je
pas soufferts ! Que de peines ineffaçables ! Mais votre bonne
amitié comme la mienne a triomphé de tout ; l'absence ne
nous a rien fait perdre. Votre lettre, que je garderai soigneusement, m'en est le garant. Soyez toujours la même, ma
chère, et votre amie n'aura pas tout perdu. Que je voudrais
aller pleurer, m'affliger avec vous ; cette teinte de tristesse,
qui ne vous quitte pas, me plaît, m'attache, et me rapproche
de vous, s'il était possible que quelque chose en vous me
séduisît plus que vous-même. La perte que j'ai faite derniè-
rement[1] a réveillé dans mon pauvre cœur bien des sentiments.
Qu'elle m'a été sensible ! Vous savez, pour l'avoir vue, ce
qu'elle fut pour moi.

Pardon, ma chère amie, j'eusse dû, avant de vous parler de
moi, me réjouir avec vous du bonheur d'avoir conservé
madame votre mère. La Providence, qui, malgré qu'elle
envoie beaucoup de peine, n'abandonne jamais, vous devait
un soutien ; elle vous l'a accordé. Avec vous j'adore ses décrets
et la remercie que, cette fois, elle n'ait pas été sévère. Remer-
ciez madame votre mère de son souvenir et de sa bonté pour
moi ; je l'envie d'être avec vous, mais je ne puis me souhaiter
à la place où vous êtes toutes deux. Ma chère, je partagerai
toujours vos regrets avec toute la sincérité de mon cœur ; je
vous remercie du sacrifice que vous me faites[2]....

Bonne Paule[3] ! je suis satisfaite de la pensée qu'elle est
enfin heureuse ; je leur souhaite le bonheur comme il le leur
faut ; il est toujours relatif ; chacun le trouve où son caractère
le lui montre.

1. Madame la duchesse de La Vallière, grand'mère de la princesse
de Tarente.
2. Envoi du portrait de son beau-frère, le prince de Talmond.
3. Mademoiselle de Tourzel.

Ma chère, soignez bien votre fils[1]. Quoique son éducation puisse en souffrir, ne pensez qu'à lui faire une bonne santé, et vous lui rendrez un grand service. Que je serais heureuse de le voir ! Pauvre enfant, il ne sait rien des malheurs de son père. En parle-t-il? Souhaite-t-il de le revoir? Lui ressemble-t-il? Je lui garde sa lettre; quelquefois je la lis. Quand je la reçus, j'étais folle de plaisir: l'objet de mon culte n'était pas anéanti[2], et le nom que je portais combattait pour elle et son fils.

Adieu, ma sœur chérie ; je vous embrasse avec tout un cœur bien à vous depuis longtemps ; faites des vœux pour moi ; adieu.

III

A MADAME LA PRINCESSE DE TALMOND

Le 9 janvier 1797.

Il y a mille ans, mon amie, que je n'ai eu le plaisir de causer avec vous. J'en ai souffert, je vous assure, car je vous aime tendrement, vous le savez, et je compte sur vous de même. Je ne puis oublier les jours heureux que j'ai passés avec vous, près de vous. Hélas ! ma chère, dans ce temps combien la vie valait mieux qu'aujourd'hui, et que la nôtre était douce, quand le matin ensemble les heures coulaient si rapidement

1. Léopold de Talmond.
2. Marie-Antoinette.

que le dîner venait sans nous en douter ! Vous ne l'avez pas oublié, ma petite, ce temps-là.

Comme je suis touchée du désir que vous avez que je me réunisse à vous ; mais je vous avoue que je ne l'ai pas, ce courage : mon cœur est trop blessé, et ses blessures sont trop profondes. Si vous saviez, mon amie, que le temps ne fait que les irriter, que mes souvenirs sont plus chauds, plus vifs, à mesure que les jours passent ; tout entière à ces idées, dans le lieu où vous êtes, je ne vivrais pas. Cependant celle qui partage avec vous [1] la plus grande partie de mes moments, sait bien que sa volonté est et sera la base et la règle de ma conduite. Je n'ai plus d'autre lien qu'elle, je lui dois tout, je lui donne tout. La famille chérie a aussi tous mes vœux les plus chers ; je jouis de son nouveau bonheur [2] ; je voudrais en être témoin. Le ciel ne peut en rassembler sur ces excellentes gens autant que je leur en souhaite ; non, assurément, il ne le peut pas. Je vais écrire à la mère et à la fille ; elle est aussi la mienne ; nous nous sommes trouvées ensemble à de mauvais moments. Quel courage elle a toujours montré ! Qu'il la rende heureuse ! Dieu, qu'il la rende heureuse !

J'espère que vous êtes contente de la maison où est votre fils [3].

Je m'intéresse à lui beaucoup. Soignez le bien ; c'est tout ce qui en reste, et c'est un grand dépôt que vous avez là. Tâchez qu'il soit bon, et comme nous le souhaitons tous. L'éducation générale me fait peur, sous certains rapports ; j'espère que vous êtes assurée qu'elle n'aura aucun des inconvénients que je crains.

Une petite fille [4] que vous verrez bientôt est bien chargée de cent mille amitiés pour vous et surtout pour lui. Je lui ai

1. Sa mère, la duchesse de Châtillon.
2. Mariage de mademoiselle Pauline de Tourzel avec monsieur de Béarn.
3. Léopold de Talmond.
4. Mademoiselle d'Uzès.

demandé de l'embrasser beaucoup pour moi. Je vous remercie, mon amie, du portrait de notre pauvre et malheureux frère ; il m'a fait mal d'abord ; le mot qui est écrit dessus m'a rappelé une personne qui fut là aussi, et j'ai beaucoup souffert. Je l'ai donné à son frère [1], qui a paru le désirer, et j'ai trouvé qu'il était plus à lui qu'à moi.

Je vous souhaite tout ce qui peut contribuer, non à votre bonheur, il n'en est plus pour nous, je le sais, mais à votre repos. Notre frère se porte bien, je crois, je le vois très peu ; l'autre [2] et moi nous en sommes aux douceurs ; j'en ai reçu une lettre vraiment tendre.

<hr />

IV

A M. LE DUC DE LA TRÉMOILLE, A NAPLES

Londres, 31 janvier 1797.

J'espère que vous voudrez bien prendre part à la triste nouvelle que j'ai apprise, il y a huit jours, par une lettre de maman, de la perte qu'elle avait faite de ma bien-aimée grand'mère, qui a péri le 2 de ce mois, après une maladie de 8 jours ; vous savez combien j'aimais ma grand'mère ; vous avez vu comme elle me traitait bien. Voilà les fruits de la révolution : vivre dans l'éloignement et périr privée des soins

---

1. Prince Louis de La Trémoïlle.
2. Son mari, le duc de La Trémoïlle.

qui avaient fait la consolation de la vie. Dix jours avant de
tomber malade, elle nous écrivit à ma sœur et à moi un petit
billet charmant, bien ressemblant à elle ; il avait ranimé toute
mon espérance et j'étais convaincue que je la reverrais ; ah !
je suis bien, bien triste, je vous assure, j'ai perdu une bonne
et tendre amie, et je conserve une mère pour passer ma vie
loin d'elle, au milieu des étrangers. Cette manière d'être est
trop triste : combien je voudrais avoir plus de courage que je
n'en ai ! Je partirais tout de suite pour la France ; et je suis
sûre que j'y arriverais et y vivrais tranquille et malheureuse
comme ici, mais certainement moins malheureuse qu'ici,
malgré que je serais entourée des tombeaux de tout ce que
j'ai aimé ; mais ainsi, j'aurais pour ma consolation et pour
me fortifier, le bonheur de vivre pour ma mère, de lui consa-
crer tous mes moments ; enfin, de me rapprocher du seul appui
que j'ai dans ce monde, de la seule personne sur laquelle je
puis avec complaisance reposer toutes mes affections et tout
le bonheur de ma vie, s'il y en a pour une personne qui a eu
les liens que le hasard m'a donnés et qu'une si cruelle fatalité
a rompus d'une manière si inopinée et si terrible ; car, mon
cher, tous les sentiments que vous m'avez vus pour les personnes, existent dans la même force dans mon souvenir et
leur perte m'est aussi sensible que le premier jour ; la seule
chose qui balance dans mon cœur l'envie que j'ai d'aller en
France est l'horreur d'habiter un pays où il a été commis
tant de crimes, une ville qui a vu tranquillement périr un Roi,
une Reine, leur famille, et des centaines de gens vertueux et
bons ; la pensée de respirer l'air empesté par le crime, où le
crime seul est heureux, soulève mon cœur et m'ôte tout courage. Si je finis par aller m'enterrer là, dans cet infâme pays,
je voudrais, avant, avoir le seul plaisir qui plaît à mon cœur,
qu'il regarde comme un soulagement à ses maux, le bonheur
de voir et d'entendre sa sœur, dont j'admire et respecte le
caractère et la façon noble de penser ; elle est vraiment reine
de faits autant que de nom ; je ne la connais que par ses

lettres [1] ; mais ce qu'elle écrit est marqué au cachet de l'honneur et du sentiment ; que le ciel la préserve et son pays ; je sens que tout ce qui m'attachait à sa sœur me porte vers elle et me fait faire les vœux les plus ardents pour elle et tout ce qui lui tient. Je vous crois depuis longtemps à Naples, malgré que vous ne m'ayez rien dit de vous depuis que vous m'annoncez que vous êtes malade. Je vous ai déjà écrit deux fois là ; je ne sais si j'ai eu tort ; je vous ai envoyé la réponse de votre Anglais ; je lui ai payé les trente livres sterlings ; j'ai sa quittance, et votre frère m'a chargé de quelques petits mémoires en partant pour l'Allemagne que j'acquitterai quand ils me seront présentés jusqu'à la somme de vingt livres ; après avoir pensé à vous, il est juste que je pense à moi aussi ; vous croyez bien que depuis le mois de juin 1793 jusqu'en juin 1796 que la reine de Naples a bien voulu prendre part à la situation où j'étais, que je crois, à vous dire le vrai, elle ne croyait pas être tout à fait ce qu'elle était, il a fallu que j'empruntasse de l'argent pour vivre, j'ai donc des dettes personnelles...

1.   Madame la princesse de Tarente,

Ma chère princesse, quoique je n'aie point l'honneur de vous connaître, votre attachement à mon infortunée sœur vous rend à mes yeux bien précieuse. Je ne puis me consoler de sa fin tragique et en doute encore. Grand Dieu ! elle qui a été si aimée et qui surtout aimait si passionnément la France et les Français ! Elle en a été si abominablement traitée !

Mais tirons un voile sur ces horreurs, que mon cœur n'oubliera jamais. Ses enfants, la vertueuse mademoiselle Elisabeth, c'est ce que je désirais, au prix de mon sang, pouvoir sauver, et toutes mes pensées se réduisent à celle-là, me paraissant par là de rendre hommage et une preuve de ma tendresse à sa mémoire.

Vous recevrez cette lettre par une amie parfaite et bien aimable et qui vous est attachée au dernier point. Adieu, comptez que je chéris tous ceux qui ont aimé mon infortunée sœur et qu'en toutes les occasions je me ferai un plaisir de vous prouver que je suis votre attachée amie,

                                        CHARLOTTE.

Naples, ce 19 février 1794.
                (Archives d'Uzès.)

Je vous prie de vouloir bien m'envoyer pour maman une lettre où vous ne lui donnerez aucuns noms ; mais je désire et je suis sûre que vous partagez ce désir que vous lui donniez dans cette occasion une marque de votre souvenir et de votre respect; j'ai été empressée de lui apprendre vos bons procédés pour moi qui l'ont touchée comme moi ; vous voudrez bien prendre le deuil pour quatre mois 1/2 ; et je vous demande de le porter régulièrement, en vous souvenant qu'elle vous aimait beaucoup et que vous êtes le mari d'une femme qu'elle aimait tendrement ; il serait bien aussi d'écrire à ma sœur qui me demande souvent de vos nouvelles et qui est parfaite pour moi ici ; adressez-moi ses deux lettres sous l'enveloppe du bon marquis de Circello ; dans la lettre de ma sœur, parlez-lui de madame d'Uzès qui est maintenant aveugle ; elle y sera sensible, je suis sûre ; de son fils aîné qui est en Portugal avec le comte de Mortemart; de sa fille qui est en France avec maman qui en est fort contente ; j'ai l'air de vous dicter votre lettre ; mais vous savez bien que ce que je dis n'est que pour vous ôter l'importunité d'écrire une lettre où vous ne sauriez que dire.

Adieu, mon cher, donnez-moi de vos nouvelles, je vous prie ; votre fièvre doit être bien loin, j'espère, et je vous crois à Naples ; j'y adresse cette lettre par le marquis de Circello qui est toujours mon aimé bon ami ; je vous demande de vouloir bien m'instruire de ce qui vous intéresse dans votre nouvelle patrie et de croire que, malgré l'éloignement, je prends une part très sensible à tout ce qui peut vous arriver d'heureux. Je crois qu'il est prudent de ne pas publier les bienfaits de la reine de Naples en ma faveur ; peut-être on trouverait mauvais qu'elle s'occupe de soulager les peines d'une étrangère ; gardez-moi ce secret mieux que vous ne me gardâtes, il y a trois ans, un du même genre ; ceci, je ne vous l'ai dit que pour vous prouver que maintenant je n'ai plus besoin que vous vous occupiez de moi : c'est du passé que je souhaite que vous vous occupiez...

Adieu encore ; ma longue lettre sûrement vous ennuiera beaucoup ; mais il était nécessaire d'en dire une grande partie ; bonjour.

V

A M. LE DUC DE LA TRÉMOILLE

Londres, le 14 mars 1797.

Il y a certainement bien des mois que vous n'avez eu de lettres de moi, si vous êtes encore à Venise ; car ne pouvant croire la chose possible, j'ai toujours adressé mes lettres à Naples, et même pour la dernière, j'y fus parfaitement autorisée par la Reine elle-même, qui me mandait : « Vous pouvez « maintenant adresser ici vos lettres à votre mari ; les troupes « rentrant dans le royaume, il viendra à Naples. » Enfin, si vous êtes à Naples avant ou même après, celle-ci et les autres que vous y trouverez seront, j'espère, ma justification. Pour moi, c'était du plus loin que je me souvenais d'avoir eu le plaisir de voir de votre écriture ; enfin, sûrement vous avez fait ce qui vous convenait le mieux, et je suis contente. Je ne répondrai pas, mon cher, à toute votre politique. Tout aussi noire qu'elle peut être, tout aussi vraie elle sera. Pauvre Italie ! Malgré que je ne la connais pas, je l'aime ; et tous mes vœux se portent sur votre patrie adoptive et sur la mienne, et tous mes souhaits hâtent le moment d'y aller, pour y trouver le repos et la consolation à mes peines aux pieds de sa sœur bien-aimée.

Pour le moment il paraît que voilà un grand changement

dans ma destinée : je suis appelée en Russie par l'Empereur. L'Impératrice me l'écrit de la manière la plus obligeante, et j'ai consenti dans ma réponse d'y aller ; moi et la famille d'Uzès devons aller prendre un asile dans ses états. M. et Mme d'Uzès n'y peuvent aller, j'y vais avec mon beau-frère et son fils. C'est le sacrifice d'un an pour assurer le bien-être de cette famille, et je le leur dois. Je n'ai pas eu le temps de vous consulter, mon cher, il eût fallu trop de temps ; mais j'espère que votre raison vous guidera comme mon cœur me guide dans ce moment, et que vous approuverez que je fasse cette démarche pour assurer l'existence de cette famille, dont la position est des plus malheureuses. Je ne me suis conduit dans cette affaire que d'après les conseils de mes bons et excellents amis, M. et Mme de Circello, et ce sont eux qui m'ont tracé mon devoir. J'ai promis à M. et Mme d'Uzès d'y aller ; et aussitôt que la mer sera ouverte, je m'embarque. Mme de Circello a eu la bonté d'expliquer toute cette affaire à la Reine ; moi je lui ai écrit aussi.

Je vais en Russie sans aucunes prétentions quelconques pour moi, ainsi je serai toujours libre ; je ne souhaite, ne veux et n'aime que les bienfaits de la reine de Naples. Ceux-là seuls plaisent à mon cœur ; mais il ne faut pas se refuser à changer la position de ces vertueuses gens, qui sont si bons pour moi et si reconnaissants de ce que mon amitié pour eux me fait entreprendre. Voici les véritables mots de sa Majesté l'Impératrice : « Votre bonheur fait l'objet de nos sollicitudes ; aussi suis-je chargée par l'Empereur de vous offrir un asile « et un petit établissement dans l'une des provinces de son « empire, où vous et votre famille trouverez la paix et la « tranquillité dont vous avez été si longtemps privées. » De plus, le comte de Choiseul-Gouffier me mande qu'il ne m'a fait plus tôt part des intentions de S. M. I., parce que l'Impératrice a voulu elle-même m'apprendre les bontés de l'Empereur ; qu'il aurait écrit de sa part, et par son ordre, à M. le duc d'Uzès, s'il ne voulait me laisser le bonheur de lui annoncer moi-même ce qu'il pouvait espérer. Je vous demande de supplier la Reine de prier M. le duc de Serra-Capriola, son ministre en Russie, d'avoir de l'intérêt et de la bonté pour moi. Je ne serai pas fâchée qu'on sache là d'avance que je suis protégée par la Reine de Naples ; ce que je connais de lui m'assure que c'est un homme très bon et très serviable. Écrivez-moi encore une lettre ici, après la réception de celle-ci, et ensuite sous le couvert du duc de Serra-Capriola à Saint-Pétersbourg. N'est-ce pas étrange, mon cher, que la destinée me porte là ? Je crois encore rêver, mais c'est cependant bien vrai que je serai en Russie avant quatre mois. Dites-moi que vous approuvez mes motifs et ma résolution ; alors je partirai beaucoup plus contente, car de toutes manières il faut que j'aille ; l'engagement est trop pris de tous côtés, et votre éloignement est trop grand.

Maintenant que je vous ai parlé de mes propres affaires, ou plutôt de celles des autres, il faut que je vous parle des vôtres. J'ai fait prévenir Trépied que vous aurez besoin de lui ; il est à Paris et se porte bien. Dans sa dernière lettre maman m'en parle, elle est du 12 février. Elle me dit : « Pendant que j'étais « aujourd'hui à table, j'ai su que Trépied était dans la maison ; « j'ai attendu que j'en fusse levée pour le voir, et il était parti. » Votre frère [1] n'est plus ici, apparemment il vous l'aura mandé ; je n'en ai pas entendu parler depuis son départ, et je ne suis pas sans inquiétude, surtout avec la croyance que j'ai qu'il est allé en France. Enfin ne dites rien à personne de ceci ; c'est peut-être une erreur de ma part de le croire là encore, mais je suis très fondée à croire qu'il y sera, s'il n'y est pas déjà ; et tout ce qui s'y passe relativement aux tentatives des mais du Roi m'effraye pour lui. Ses motifs sont bons, je suis sûre ; j'espère que ses actions le seront autant, et pour lui et pour celui qu'il veut servir. Son zèle me paraît très louable,

---

1. Le prince Louis, dont il sera parlé ci-après, ainsi que le prince de Talmond, son neveu, et l'abbé de La Trémoïlle, frère du duc.

et on est bien heureux d'inspirer tant de confiance ; s'il y a
du bonheur et de la gloire à servir son Roi heureux, il y en a
encore beaucoup plus à s'exposer pour servir son Roi malheureux et abandonné.

Malgré que, je dois vous l'avouer, j'entrevoie beaucoup de
difficulté dans le projet que vous avez, je souhaite qu'il
réussisse ; je le souhaite du fond du cœur. Il faut vous avertir
que vous et le pauvre abbé êtes sur la liste des Émigrés, que
Talmond ni votre autre frère n'y sont pas. Rien n'est vendu, il
est vrai, mais je ne sais si Mme de Talmond a réussi comme
elle souhaitait ; dans sa dernière lettre, elle me paraissait très
mécontente. Votre projet de voir Trépied en Suisse avant tout
me paraît le plus sage, et je vous engage fort à y tenir ; cet
homme, étant toujours resté là, est très à portée de vous
donner de bons et sûrs renseignements. Je passe ma vie avec
le ministre du Roi à Paris ; c'est un homme tout à fait agréable
et de bonne société. Il arrive de Portugal, où il était employé,
et ne séjourne ici que quelques moments. Quant à votre idée
d'aller en France comme Napolitain, elle est impossible, mon
cher, car il faudrait être naturalisé avant tout ; et certes à
Paris un nom napolitain ne sera pas un passeport pour un
homme qui est aussi connu que vous. Quant à être attaché à
la légation, c'est une autre affaire qui peut avoir des désa-
gréments pour vous, sans danger personnel. Pardon, je vous
dis tout ce que je pense sur ce que vous me dites dans votre
lettre. Il faudrait avant de rien résoudre, il me semble, savoir
par Trépied, en le faisant venir en Suisse, ce que vous pouvez
raisonnablement espérer, et comment il vous serait possible
de tirer un bon parti de la position où vous vous trouvez.
Mais toute entreprise sera très délicate, car un homme qui
vient demander ce qui est à lui ne paraîtra à leurs yeux qu'un
usurpateur de leurs biens : il ne peut et ne doit être accueilli
que par mille et mille difficultés. Si je sais, avant de quitter
ce pays-ci, quelque chose sur votre frère, je ne manquerai
pas de vous en instruire exactement.

Je puis vous dire une chose bonne, parfaitement bonne pour vous. Un Poitevin, ami de l'homme de Thouars, j'ai oublié son nom, m'a dit qu'il avait de fortes raisons de croire qu'il avait soustrait beaucoup de vos titres. Cet homme a été plusieurs fois en France, et pour la dernière fois avec le malheureux Sérens. Il est lui même habitant de Thouars, et sa femme et ses enfants y sont restés. Ce même homme m'a amené l'autre jour un Poitevin, qui a fait toute la guerre de la Vendée avec votre trop malheureux frère et qui ne le quitta qu'après la déroute de [Savenay], que tout le monde fut obligé de se sauver, entr'autres lui. S'il eût suivi ce jeune homme, il se serait sauvé ; un autre le persuada qu'il connaissait mieux les côtes, il le crut et il fut pris et jeté dans les prisons de Rennes. Il a répondu comme un Dieu à son interrogatoire ; il a été à la mort, qu'il a subie, à la porte de votre château de Laval, avec le plus grand courage. J'ai écouté les détails avec un grand intérêt ; j'aimais Talmond de tout mon cœur et sa mémoire m'est très chère.

Adieu, mon cher, voilà une lettre immense, mais j'avais beaucoup à dire. J'attends avec impatience votre réponse pour ces pierres. M. et Mme de Circello vous remercient et me chargent de leurs compliments pour vous ; pour Mlle F. je ne lui ai rien dit, mais je suis aise que vous commenciez de penser que vous devez quelques politesses à quelqu'un qui a empêché votre femme de mourir ; ce à quoi, il faut me pardonner ce mot, vous l'avez condamnée sans beaucoup de soucis. Adieu encore, je vous embrasse de tout mon cœur.

VI

A MADAME LA PRINCESSE DE TALMOND

Londres, le 16 mai 1797.

Dites-moi pourquoi, mon aimable petite sœur, vous n'avez jamais répondu un seul mot à la lettre que maman vous a remise de ma part ? Pourquoi ne m'avez vous jamais fait dire que vous l'avez reçue ? Pourquoi m'avez-vous privée du plaisir de voir que vous m'aimez toujours ? Hélas ! ma petite sœur, il faut être avare de mes plaisirs ; j'en ai peu maintenant, mais, je le sais, ma sœur que j'ai connue, ne peut m'avoir oubliée, plus que moi je ne l'ai oubliée ; je la juge au moins par mon cœur, qui garde un souvenir aussi tendre que durable de ce qu'elle fut pour moi, dans ces temps où nous étions heureuses sans nous en apercevoir ; dans ces temps où, habituées à une réunion charmante, nous ne savions pas l'apprécier en comparaison de ce que nous souffrons maintenant par les privations et les peines attachées à l'absence. Savez-vous combien d'années se sont écoulées depuis que je n'ai eu le bonheur de vous voir ? Pensez-vous à tout ce que j'avais alors qui m'attachait à une existence que je traîne maintenant assez misérablement, loin de la seule personne[1] sur laquelle j'aie des droits naturels ? — Sûrement, ma chère, elle vous aura dit quels sont aujourd'hui mes projets. J'essaie par un grand sacrifice de donner quelque prix à mon existence, en me servant de la bonté et de la sensibilité de l'Empereur et de l'Impératrice de Russie, pour assurer un sort favorable à la famille d'Uzès. Je vais

1. Son mari.

moi-même en Russie ; nous y sommes tous appelés ; moi en étant le motif, et toute l'espérance, je suis décidée de partir dans quelques semaines. Ce nouvel éloignement m'afflige, mais il n'aura qu'une courte durée, et si c'est maintenant un sacrifice, j'en serai bien récompensée, si je reussis à sauver cette bonne et vertueuse famille des malheurs attachés à une émigration sans terme. Voilà mes motifs ; il n'y a rien de personnel ; je ne voudrai ni ne demanderai rien pour moi ; je ne veux rien que ce que j'ai ; cela plaît à mon cœur, et soulage ses maux, ces maux qui ne doivent jamais finir.

Vous recevrez, j'espère, bientôt une petite gance de mes cheveux pour attacher le cœur que je vous ai envoyé. Recevez-la, ma petite sœur, comme le gage d'une bien sincère amitié, et gardez-la avec quelque intérèt... Je serais bien charmée de vous entendre parler de Léopold.

Mon intérèt est très réel pour tout ce qui regarde la famille et particulièrement Léopold, que je vous demande d'embrasser pour sa tante.

Je suis fâchée qu'il soit si jeune ; car j'aurais beaucoup de plaisir à le voir devenir deux fois mon neveu [1].

Gardez soigneusement ce morceau de ruban, jusqu'à ce que celui qui s'y joint vous soit présenté. Ecoutez cet homme, il est parfaitement honnète et d'une province [2] qui n'est pas sans intérèt pour votre fils ; il connaissait son père, et a chassé avec lui dans le Parc Chalons. Je vous l'envoie, parce que je le connais et que je sais que vous pouvez vous y fier ; faites-le parler à l'homme qui m'a si bien servie et à qui je vous prie de faire mes compliments. Dites-lui que mademoiselle La Peyrouse va aller à Paris, et qu'elle le tourmentera pour certain papier ; qu'il fera aussi bien, s'il l'a, de le nier, parce que dans d'autres temps on pourra lui faire justice, sur ce qui lui est malheureusement dû ; car elle ne s'est pas assez bien

1. Projet de mariage avec mademoiselle d'Uzès.
2. De Poitou.

conduite pour moi, pour que je n'aie pas un véritable regret d'avoir été si bonne.

Adieu, chère amie ; pensez donc quelquefois à celle qui vous aime tendrement.

VII

A MADAME LA PRINCESSE DE TALMOND

Wideville, ce 1ᵉʳ septembre 1797.

Précieux moment, ma chère Talmond, puisqu'il est employé à vous dire, à vous répéter, à vous assurer, à vous demander, à vous conjurer, à vous supplier de croire aux battements sentimentalement fraternels d'un cœur qui est tout sœur pour vous, chère Talmond...

Quelle folie ! En voilà assez, je suis au bout de cette lubie, pardonnez-la à un reste de gaieté. Votre idée, plus que celle de tout autre, peut facilement en rallumer une obscure étincelle, si je m'y laisse aller ; la voilà éteinte.

Moquez-vous de moi, de ma folie ; mais vous me rappelez tant de choses et un temps où notre plus grand bonheur, si nous voulons bien le voir ce qu'il était, était une extrême légèreté et une indifférence parfaite sur ce qui était au delà du moment qui nous occupait uniquement ; car, dès lors, si nous y avions pensé, à part la révolution, se préparait pour nous un avenir bien obscur et bien noir, grâce aux lots, aux tristes lots, que le Ciel nous avait départis. Voyez, ma bonne

amie, quel contraste ridicule : une page et demie d'une folie qui
va jusqu'à la bêtise, qui est suivie d'une page et demie qui va
jusqu'à la raison la plus raisonnable. Adieu...

VIII

A M. LE DUC DE LA TRÉMOILLE

Londres, le 15 novembre 1797.

Je suis heureuse de vous voir sortir de votre inaction et de
tâcher d'attacher votre existence à quelque chose d'honorable.
J'espère que vous me rendrez cette justice, que j'ai toujours
été plus fâchée contre vos actions, qui, à mon sens, n'étaient
pas bonnes, que contre votre cœur dont vous ne vous permet-
tiez pas d'écouter les remords. Tout cela est passé, votre
propre intérêt vous a éclairé, et pour moi, je jouis de tout mon
cœur de tout le bonheur que vous avez maintenant, et si je
pouvais contribuer à l'augmenter, je retrouverais un peu de
tranquillité ; car je me trouve bien isolée et bien ennuyée
d'être sans cesse loin de tous ceux auxquels je tiens. Je reçois
de temps en temps des nouvelles de maman, qui sont une
grande consolation pour moi. Elle est aussi bien isolée et
aurait bien besoin de revoir auprès d'elle ses enfants ; mais
vivre sous la république, c'est un terrible parti à prendre ;
vivre à Paris, où tout ce que j'ai aimé a été si indignement
massacré ; enfin, je ne sais que penser, mais je ne suis pas
contente, malgré que ma position ici soit toujours la même,
et que mademoiselle Faguani dont vous ne voulez jamais me

parler, soit toujours aussi aimable pour moi ; que j'y ai de
bons amis, que je regarde comme père et mère, enfin, que j'y
suis aussi bien qu'on peut être dans la circonstance malheureuse où se trouvent tous mes compatriotes. Pardon de vous
parler tant de moi, tandis que je ne devrais que vous parler de
vous, de votre position, qui, je crois, était bien différente de
ce que vous la croyiez, au moment où vous m'écriviez ; car,
si nous en croyons les papiers de France, la paix est faite avec
votre pays [1], et l'était déjà alors. Je n'ose faire aucunes questions à mes amis [2] ; je connais trop leur manière de penser
pour n'être pas sûre qu'ils sont au désespoir de l'extrémité où
a été réduite leur cour par l'évacuation de la Corse qu'a
nécessitée la paix, si elle est réellement faite ; car j'en doute
encore, en vérité, d'après ce que je leur ai entendu dire des
dispositions de la cour au commencement d'octobre. Cette
indécision est permise. Que ferez-vous alors ? Vos régiments
probablement vont retourner à Naples, et vous aussi. Il fau-
dra renoncer aux charmes de Venise, pour aller jouir de ceux
de Naples. Je suis convaincue que, ne cherchant qu'à vous
amuser, vous trouverez là tout ce qu'il faut, tout comme à
Venise. Il ne sera pas sans intérêt pour votre existence, je
crois, de vous montrer à Naples un peu ; la Reine est bonne,
et je suis sûre qu'elle aura toujours de l'intérêt pour vous et
pour moi ; pour moi, elle a la bonté de me savoir gré, et de
chercher toutes les opportunités de m'en convaincre [3], de ma
conduite pour sa sœur. Hélas ! c'était peu de mérite, quand on
avait le bonheur de la connaître et qu'on n'avait pas un cœur
insensible. Elle trouve du mérite à avoir risqué ma vie plutôt
que de rien dire contre elle. Dieu ! si je l'avais fait, j'eusse été
bonne à étouffer ; j'aurais eu la bassesse de ressembler à tous
ses vils courtisans, qui n'ont aimé d'Elle que les bienfaits, et
non la personne.

1. Royaume de Naples.
2. Circello.
3. Lettre de la Reine de Naples, reproduite ci-dessus, p. 173.

Nous sommes parfaitement, Louis [1] et moi. C'était une petite pique bien bête, je lui en demande pardon, qui m'avait privée de sa présence ; mais moi, comme une *bonne bête*, j'ai été recourir après lui, et j'ai découvert ce que c'était ; nous nous sommes embrassés comme de bons frère et sœur, et tout a été fini.

Cette opération sur vos biens, qui vous séduit tant, est une chose qu'on ne peut entreprendre qu'après y avoir bien réfléchi, et vraiment je serais bien embarrassée de donner un conseil sur une telle affaire. La perte est immense ; vous savez que votre neveu [2] est en France et rentré dans une petite portion de la terre d'Attichy, où madame de Talmond a été passer quelques mois, je crois, cet été.

En attendant votre réponse, j'ai disposé de la somme que vous m'avez envoyée, mais pour un temps seulement ; ainsi, je me charge avec plaisir dans quelques mois d'acquitter votre dette et de donner le reste à votre frère ; je suis dans ce moment un peu à court d'argent, ayant rendu quelques petits services ; mais tout rentrera dans peu, et peut-être même est-ce un terme trop long que je nomme ; mais j'aime mieux pouvoir avancer que d'être obligée de reculer. Adieu, je jouis qu'enfin vous m'ayez rendu justice, et je vous remercie encore de votre bon procédé pour moi, qui m'a touchée encore plus, je vous jure, que vous l'avez été de la manière dont j'y ai répondu. Il part aujourd'hui un courrier pour Naples ; je le charge de cette lettre et d'une de votre frère, que j'attends et qui ne vient point.

1. Son beau-frère La Trémoïlle.
2. Talmond.

IX

A M. LE DUC DE LA TRÉMOILLE

Saint-Pétersbourg, le 22 février 1798.

J'ai à répondre à plusieurs lettres de vous, mon cher. L'homme d'affaires Trépied et madame de Talmond se donnent toutes les peines du monde pour conserver intacte dans les mains de votre neveu la fortune de votre maison ; ils ont déjà partiellement réussi...

J'ai une proposition à vous faire : j'ai avec moi les diamants de madame votre mère ; voulez-vous que je les vende ? On vend assez bien les diamants ici. Je payerai M. de Richelieu.

Je prendrai 150 louis, que l'abbé [1] et madame de Talmond me doivent, et, s'il y a du reste, je l'envoie à Londres, au prince de La Trémoïlle. Je vous vois d'ici approuver ceci, à l'exception qu'il n'en reviendra rien dans votre poche. — Mon cher, je ne sais, à vous dire le vrai, que répondre à la lettre que M. de Quinsona m'a apportée de votre part. Nous sommes si loin l'un de l'autre, qu'avant que je sois au courant d'un de vos rêves, et que j'aie eu le temps de m'y accoutumer, un autre est déjà sous mes yeux. C'est ce qui m'est arrivé bien des fois et nommément trois fois depuis que je suis ici. Votre dernière lettre m'a affligée, quoique je trouve, je vous en demande pardon, que vous vous êtes attiré cette peine [2] par votre imprudence. Quand le mal et la peine sont là, il n'est

---

1. Son beau-frère, l'abbé de La Trémoïlle, mort sur l'échafaud le 15 juin 1794.
2. Brouille avec le ministre de la guerre de Naples.

plus permis de penser qui les a attirés, il faut y prendre part,
et c'est ce que je fais du fond de mon cœur, mais sans qu'il
soit en mon pouvoir de le faire autrement qu'en paroles, et
c'est peu, je le sens, et souvent je m'afflige qu'il ne reste plus
en moi de libre que l'expression du sentiment qu'on m'inspire.
— Je vous avoue que, malgré tout le plaisir que j'aurais à
vous voir, je ne puis que me réjouir du parti sage que vous
prenez de retourner à Naples ; Naples est votre asile, un asile
sûr ; vous êtes au service, et je suis persuadée que la bonté
du Roi et de la Reine vous y maintiendront, comme vous
devez y être ; il faut encore attendre pour notre réunion ; elle
est impossible, et, je suis franche, je ne la souhaite pas dans
ce pays ; j'y ai des amis, et je crois que j'y suis aimée. La
société de Pétersbourg est très hospitalière, mais mille choses
m'y . font souhaiter d'y rester seule sans vous, mille choses
que je ne puis vous expliquer dans une lettre et dans si peu
de moments. La mère du comte Pouschkine, que je connais
beaucoup, qui me traite avec bonté, m'a promis de recommander à son fils d'avoir pour vous tous les égards possibles ;
je vous en avertis, afin d'en faire usage, si cela vous convient.
Adieu, mon cher ; j'attendrai pour vous récrire la réponse de
cette lettre, à moins que je n'aie à vous apprendre que le
gazetier en a menti.

X

A M. LE DUC DE LA TRÉMOILLE

Saint-Pétersbourg, le 11 mars 1798.

Dans un temps de convulsion comme celui-ci, les calculs, il me paraît, et encore plus les démarches, doivent être soumis à la plus petite commotion politique ou populaire, qui peut déjouer le plan le mieux concerté. Or, vous, mon cher, au-dessus de toutes ces petites considérations puériles, vous avez quitté Naples, ayant connaissance des événements du mois de septembre, et vous vous étonnez d'avoir manqué votre but ! Dans cet instant, il était plus que prouvé, il était démontré que, quand même Trépied [1] eût eu à Paris de l'argent à vous, la nouvelle inquisition, ayant toute la ferveur du premier moment, lui ôtait le moyen de vous le faire parvenir, et par la même raison lui interdisait la moindre démarche personnelle. Voilà, mon cher, ce que j'ai toujours pensé, avant, pendant et depuis votre voyage ; et, j'en demande pardon à votre jugement, mais un enfant de dix ans eût fait ce raisonnement ; les deux partis étaient aux mains ; il fallait laisser au temps à donner la victoire. Dans l'incertitude, vous faites un plan ; vous y tenez ; vos ennemis obtiennent cette victoire que la précipitation plutôt que la raison leur a donnée ; alors, non seulement vous ne l'aban-donnez pas, mais même vous n'en différez pas l'exécution au plus court délai, et vous allez, tête baissée, donner dans le poteau noir. Au reste, mon cher, je me tais pour ne plus vous

1. Homme d'affaires.

ennuyer, car je m'aperçois que ce voyage et son méchant résultat font de moi une vraie rabâcheuse.

Je suis sûre que M. de Richelieu est trop délicat et trop bon pour se porter à aucune démarche qui pourrait vous nuire. Je vous ai mandé qu'il m'avait dit qu'il était en son pouvoir d'arrêter vos appointements dans les mains du Gouvernement et, au total, qu'il était mécontent, mais sa discrétion et son honnêteté ont été jusqu'au point de ne me pas parler de la promesse que vous lui aviez donnée que je vous acquitterais vis-à-vis de lui, et cela, sans savoir si je le pouvais ou non ; et je puis vous dire, mon cher, que, si vous connaissiez ma véritable position, vous seriez terriblement honteux de votre demande. Il me paraît que vous deviez en savoir assez pour être bien sûr qu'elle serait regrettée. Pour quoi me faire ce chagrin-là, qui est doublement senti par un cœur comme le mien ? Il est vrai que la cour m'a donné entre quatre et cinq mille roubles en or ; il est vrai qu'elle m'a fait des pensions ; il est vrai qu'elle veut bien me loger ; il est vrai que S. M. l'Impératrice a eu la bonté de me très bien fournir de vêtements ; et, malgré tout cela, je ne peux pas venir à votre secours, non plus qu'à celui de la famille[1] qui a été l'objet et le motif unique de mon déplacement. Cette famille, que j'aime, estime et respecte, n'a pas vingt-huit louis par mois d'assurés, mais n'a pas vingt-huit sols ! Ah ! mon cher ami, soyez plus juste et moins personnel, et croyez que, si je pouvais faire tout ce que mon cœur me dit, j'aurais payé M. de Richelieu et satisfait à tous les sentiments qui m'animent. J'ai ici des obligations, et si vous saviez, quand j'ai payé tout ce qui est indispensable, ce qui me reste. Mais je ne puis entrer dans aucun détail de cette sorte dans une lettre qui va par la poste ; on croirait peut-être que je me plains : non, certes ; je puis m'affliger, et on pourrait confondre ; mais je puis encore avoir du bonheur, si,

1. D'Uzès.

à force de bonne conduite et de sagesse, je parviens à assurer
le repos et l'existence de ceux qui sont le tourment de la
mienne; tout sera bien et on m'aura fait plus de bien que si
on me l'eût fait à moi-même.

XI

A M. LE DUC DE LA TRÉMOILLE

Saint-Pétersbourg, le 20 mars 1798.

Je vous ai déjà écrit une fort longue lettre, il y a dix jours,
comptant l'envoyer par la poste. J'ai appris qu'il y avait
moyen de la faire sortir de Russie sans la mettre à la poste,
j'en ai profité, et, depuis encore, j'apprends qu'un courrier,
passant par Naples en allant à Malte, part dans trois jours; je
garde ma première lettre, et j'y ajoute celle-ci, pour vous
parler plus à cœur ouvert, comptant que vous sentirez
comme moi, malgré que vous n'y avez pas un intérêt direct,
l'obligation d'être prudent et discret sur ce que je vais vous
dire de ma position à cette cour.

J'y ai été appelée de la manière la plus flatteuse[1], reçue de
la manière la plus distinguée; j'y suis arrivée le dimanche;
j'ai passé plus d'une heure dans le cabinet de S. M. l'Impératrice, en tiers avec l'Empereur. LL. MM. II. m'ont gardée à la
cour; j'y ai dîné, soupé, jusqu'au jeudi, que je suis revenue

---

1. Voir ci-dessous, p. 195, les lettres de l'Empereur et de l'Impératrice de Russie.

en ville à leur suite, après avoir reçu la petite croix de l'ordre
de Sainte-Catherine, et, deux jours après, le portrait de
S. M. l'Impératrice, qui est la marque des Dames d'honneur
et donne le premier rang à la cour de Russie. Arrivée en
ville, j'ai soupé au palais avec LL. MM. II., et le lendemain,
j'ai revu LL. MM. C'était le vendredi. L'Impératrice m'a encore
parlé, mais l'Empereur ne m'a pas dit un seul mot ; je n'ai pas
suivi la cour à son autre campagne. Une fête, où toutes les
dames d'honneur étaient mandées, a eu lieu, quatre jours
après ; j'ai écrit à l'Impératrice avant de m'y rendre ; j'étais
vraiment peinée dans le fond du cœur.

J'avais attribué toute cette réception à mes liens avec la
Reine [1], et j'étais très fière d'être le moyen qu'un hommage lui
soit rendu publiquement et, pour perdre cette idée, il a fallu
un long effort et dont mon pauvre cœur a bien souffert ; il a
fallu, enfin, la perdre, cette idée consolante, et voir que je
n'étais que le seul motif de cet engouement, *que cinq jours,
pas plus*, ont détruit. L'Impératrice ne m'a pas répondu, m'a
très mal traitée à la fête, m'a parlé une petite fois pour la
forme, et voilà tout. L'Empereur a affecté de me passer, de
me regarder mille fois, sans me dire un seul mot, tandis que,
la semaine d'avant, il n'y en avait que pour moi. Je suis re-
partie pour la ville, et depuis ce jour, 15 d'août (j'étais arrivée
à Pétershoff, où était la cour alors, le 29 juillet) jusqu'au
15 novembre qu'elle est venue en ville, je n'ai eu de ses nouvelles que parce que mon beau-frère, qui était venu avec moi,
ayant pris le parti de s'en aller en Angleterre, j'ai saisi ce
prétexte pour rappeler que l'ordre de me rendre en Russie
était commun à la famille d'Uzès et à moi, et que je suppliais
LL. MM. II. d'avoir quelques égards à la position malheureuse
où elle se trouvait. LL. MM. ont accédé à ma demande, et ce
moment a décidé de mon sort à venir. LL. MM. m'ont fait
chacune une pension dont le total général est de 450 louis ;

____

1. Marie-Antoinette.

sont ici, je suis la seule qui n'ait pas demandé d'y venir, et presque la seule qui n'y ait pas acquis un sort fixe par le don d'une propriété.

Il faut ajouter aussi que ma conduite modérée, mon silence, doit leur faire croire que je suis très bien ; car je n'ai pas dit un seul mot qui ait pu leur donner une idée contraire. Je confie tout ceci à votre cœur, et je vous prie d'en garder le plus profond secret : vous gâteriez mes affaires encore plus qu'elles ne le sont, et assurément, c'est tout dire ; ne vous laissez aller à aucunes confidences vis-à-vis du comte Pouschkine[1] ; sa mère me témoigne intérêt, mais il ne faut pas parler de ses affaires, le moins qu'on peut ; au moins est-il le mieux ; j'ai prié la comtesse Pouschkine de vous recommander à son fils, comme le mari d'une personne pour laquelle elle avait de la bonté ; il est aussi obligeant que sa mère ; peut-être pourra-t-il vous être de quelque agrément. Adieu, mon cher ; brûlez ma lettre, je vous prie. Le hasard a disposé de nous, courons avec courage toutes ses chances, en nous remettant à la Providence de l'heureuse issue des choses de ce bas monde. La cour me traite toujours de même. L'Empereur ne m'a pas parlé depuis trois mois. L'Impératrice me parle toujours de choses indifférentes. Madame la princesse de Condé a éprouvé les effets du caractère changeant de S. M. l'Empereur: sa faveur a été extrême ; sa défaveur de même. Mettez la plus grande prudence dans votre réponse, pour que je sache si vous avez reçu ma lettre ; écrivez que vous avez reçu la lettre de tel quantième.

1. Ministre de Russie à Naples.

Lettre de l'Empereur de Russie

A Madame la Princesse de Tarente.

J'ai vu avec plaisir dans votre lettre l'expression des sentiments que vous me témoignez. J'ai cru devoir mettre en évidence ceux que je porte à une famille qui a donné à ses souverains tant de preuves de fidélité et de dévouement ; aussi peut-elle compter sur l'intérêt qu'elle m'inspire et dont je me plais à vous renouveler l'assurance, priant Dieu qu'il vous ait, madame la Princesse de Tarente, en sa sainte et digne garde.

Paul.

Gatschina, ce 22 septembre 1797.

Lettre de l'Impératrice de Russie

A Madame la Princesse de Tarente.

Recevez, chère Princesse, mes remerciements pour la lettre que vous m'avez fait parvenir de la part de madame la duchesse d'Orléans. La seule consolation que je trouve dans les nouveaux troubles de la France, c'est de voir une Dame, distinguée par son mérite autant que par sa naissance, à l'abri des dangers de tout genre auxquels elle était sans cesse exposée au sein de sa malheureuse patrie. Vous ne rendez pas justice à mes sentiments si vous n'êtes parfaitement convaincue de l'estime et de la bienveillance particulière avec lesquels je n'ai jamais cessé d'être votre très affectionnée,

Marie.

Gatschina, 20 octobre 1797.

(Archives d'Uzès).

EXTRAITS DES COMPTES

1781. — Extrait des dépenses faites pour le mariage de la princesse de Tarente, Louise-Emmanuelle de Châtillon, femme de Charles-Bretagne, duc de La Trémoille.

I. — Mémoire des billets à la main et imprimés pour faire part du mariage de Mlle de Chastillon avec M. le prince de Tarente, et des courses faites par Lepage, courrier de l'Université et de la Cour, pour porter lesdits billets dans le mois de juillet 1781 :

750 billets à la main, tant de part que de signature du contrat de mariage qu'invitations à la célébration, à 7 liv. le cent... 52 liv. 10 s.

Pour la cire d'Espagne qui a servi à cacheter lesdites lettres. .... 6 liv.

2000 billets imprimés, à 3 liv. le cent .... 60 liv.

Pour les courses du courrier .... 96 liv.

Total........ 214 liv. 10 s.

II. — Mémoire du marchand Daguerre, du 23 juillet 1781.

Une toilette composée de 2 grands quarrés, 2 coffrets, une vergette et le miroir, le tout en bois d'acajou et orné de bronze doré d'or moulu........................... 384 liv.

Une table à thé en bois d'acajou moucheté..... . 108 liv.

Trois tasses porcelaine de France à 15 liv.........   45 liv.
Quatre idem, à 12 liv.........................   48 liv.
Une idem........ ....   18 liv.
Une idem ....   10 liv.
Trois idem, à 8 liv...... ....   24 liv.
1 théière............................   24 liv.
1 pot à sucre........ ....   24 liv.
1 pot à lait....... ....   15 liv.
1 jatte............... ....   12 liv.
Port...................................   1 liv.

                                   Total.......... **713 liv.**

III. — Mémoire d'une toilette, pour madame la princesse de Tarente, fournie par Le Roy, marchand orfèvre à Paris :

Savoir : un pot à l'eau ; sa jatte ; deux boîtes à poudre ; deux boîtes à pâte ; une paire de flambeaux ; leur bassinet à trois bobèches ; une gouttière ; ses porte gobelets ; les deux gobelets ; leurs couvercles ; un coffre à racines ; une boîte à rouge ; un étui à cure dents et un à jour ; le tout ciselé en frise d'ornement avec une tête de fleuve couronnée de fleurs, et des perles sur toutes les bordures. — Pesant le tout ensemble trente sept marcs, cinq gros, à 52 liv. le marc,

fait . ... 1928 liv. 1 s.
Contrôle à 5 liv. le marc, fait............... 185 liv. 8 s
Façon du pot à l'eau .... 150 liv.
La jatte............... .... 120 liv.
Les deux boîtes à poudre.. ... . 200 liv.
Les deux boîtes à pâte. .... 160 liv.
Les deux flambeaux ; leurs bassinets à trois
bobèches.................. • .... 250 liv.
La gouttière, les porte gobelets et gobelets. 200 liv.
Le coffre à racines...................... .... 150 liv.
La boîte à rouge....... .... 9 liv.

L'étui à cure dents......................   10 liv.
L'étui à jour.................... ....   12 liv.
Fourni deux flacons garnis en argent.......   48 liv.
Gravure de 26 armes ....   26 liv.

                    Total.......... 3448 liv. 9 s.

IV. — Mémoire des coiffures et fournitures faites à madame la duchesse de Chattillon (pour la princesse de Tarente), par Léonard Autry (coiffeur de Marie-Antoinette ; savoir :

Le 2 juillet 1781. — Fourni deux boucles....   6 liv.
Deux peignes à queue....... ....   4 liv. 16 s.
Deux peignes à deux fins..................   8 liv.
Deux peignes à démesler.................   18 liv.
Le 10 dudit. — Une coiffure pour le mariage   48 liv.
Fourni un paquet d'épingles................   7 liv.
Sept petites boucles à 40 s. pièce... ....   14 liv.
Un chignon à l'enfant ....   12 liv
Le 11 dudit. — Une coiffure de lendemain...   24 liv.
Le 12. — Une coiffure.....................   6 liv.
Le 17. — Une coiffure.....................   6 liv.
Le 19. — Une coiffure... . ...   6 liv.
Le 22. — Une coiffure de présentation.. ....   72 liv.
Fourni trois plus à 10 liv. pièce.............   30 liv.
Pour avoir arrangé les diamants et fournitures   9 liv.

                    Total.......... 294 liv. 16 s.

V. — Mémoire de la dame Suzanne Bardin :

Pour des épingles noires, blanches, aiguilles à coudre et à passer ; pour du fil blanc, de couleur ; de la soie ; des lacets ; de la ganse noire ; de la faveur pour nouer le trousseau ; de ruban à numéro noir, blanc, rose, des aiguillettes............................ ..... 126 liv. 19 s

Pour 12 cartons forts, 108 liv., et 24 s. au
porteur............ .... 109 liv. 4 s.
Pour 12 liv. de poudre................... 7 liv. 4 s.
Pour deux bouteilles d'eau-de-vie de lavande
ambrée............................ .... 8 liv.
Pour deux paquets de cure dents forts..... 1 liv. 4 s.
Pour deux racines. .... 1 liv. 4 s.
Pour 1 livre de poudre d'odeur........... 2 liv. 10 s.
Pour un bâton de pommade à la mille fleurs 1 liv. 10 s.
Pour un pot de pommade à la façon de Dulac 24 liv.
Pour deux pots de rouge.................. 24 liv.
Pour une paire de gants de peau de chien.. 3 liv.
Pour un pot de pâte d'amande............ 4 liv. 4 s.
Pour 3 houppes de cygne................. 6 liv. 12 s.
Pour une éponge........................ 6 liv.
Pour la robe à Marguerite............... 48 liv.
Pour un fiacre, le jour que j'ai été porter les
présents............................ .... 4 liv.
Idem, le jour que j'ai été porter la robe de
la femme de charge, à l'hôtel de La Trémoille 3 liv.
Idem, la veille du mariage, 2 voitures pour
porter les dentelles..... .... 7 liv. 4 s.
Idem, le jour du mariage, 2 voitures, une le
matin, l'autre le soir..................... 6 liv.
Pour 4 peignes de buis, pour peigner à fond. 3 liv.
Pour 1 fichu de soie pour passer les manches. 5 liv.
Pour aunes de ruban liséré pour des bra-
celets................................ 2 liv.
Pour la petite brodeuse : 7 commissions
chez la couturière et 2 chez Mme Vernier pour
porter les lévites de basin .... 5 liv. 8 s.
Pour le blanchissage et le calandrage des 6
lévites de basin, à peigner, de madame la prin-
cesse de Tarente ; donné à Mme Vernier...... 36 liv.
Pour le blanchissage des mouchoirs chaus-

Une idem, plus petite ....   18 liv.
Une idem, tissue crin blanc......................   30 liv.

Total.... .. .. 198 liv.

XII. — Mémoire des ouvrages en dentelles que j'ai (La Roche) faits pour madame la duchesse de Châtillon à l'occasion du trousseau de madame la princesse de Tarente, en cette présente année en 1781.

Point.

Pour façon d'un ajustement de point à l'aiguille dont les manchettes sont faites en coutures perdues, cy.. ..   21 liv.
Pour façon d'un ajustement de point d'Argentan dont les manchettes sont faites en coutures perdues, cy   21 liv.
Pour façon d'une paire de manchettes de point d'Argentan, avec devant et derrière de corps pareil; les manchettes faites en coutures perdues.........   18 liv.
Pour façon d'une paire de sabots de point d'Argentan, fichu renversé, devant et derrière de corps pareils, cy.. ....   18 liv.

Angleterre.

Pour façon d'un ajustement d'Angleterre dont les manchettes sont faites en coutures perdues, cy.....   21 liv.
Pour façon d'une paire de manchettes d'Angleterre, avec devant et derrière de corps, pareils ; les manchettes faites en coutures perdues, cy... .. ..   18 liv.
Pour façon d'une paire de sabots d'Angleterre, fichu renversé, devant et derrière de corps pareils, cy.   18 liv.

Valenciennes.

Pour façon d'un ajustement de Valenciennes, dont les manchettes sont faites en coutures perdues, cy.   21 liv.

Pour façon d'une paire de sabots de Valenciennes, fichut renversé, devant et derrière de corps pareils, cy.. 18 liv.

Pour façon de deux paires de sabots de Valenciennes, deux fichuts renversés et tours de gorge pareils ; à 18 liv. chaque, cy...................... 36 liv.

Maline brodée.

Pour façon d'une paire de sabots de Malines brodée ; fichut renversé, devant et derrière de corps pareils, cy .... 18 liv.

Pour façon de 4 paires de sabots de Malines, fichut renversé et 4 tours de gorge pareils, à 18 liv. chaque, cy... 72 liv.

Lévites de Valenciennes et de Malines.

Pour façon de 4 paires de manchettes de Valenciennes à la lévite, avec ses devants et derrière de corps pareils, à 9 liv. chacune, cy.................. 36 liv.

Pour façon de 4 paires de manchettes à la lévite de Malines brodée, devant et derrière de corps pareils, à 9 liv. chaque, cy.... .... 36 liv.

Baigneuses.

Pour façon de deux baigneuses de Valenciennes, composée de 2 barbes, 2 rayons, 1 grand fond et 1 passe, à 10 liv. chaque.......................... 20 liv.

Pour façon de 2 baigneuses de Maline brodée, composées, comme ceux de Valenciennes........... 20 liv.

Collerettes.

Pour façon de dix collerettes, dont 2 de point, 2 d'Angleterre, 3 de Valenciennes et 3 de Malines brodée à 2 liv. 10 s. chaque, cy .... 25 liv.

Coëffes d'entoillage.

Pour façon de quatre coëffes d'entoillage, dont 2
garnies en Valenciennes, et deux en Malines brodée,
à 6 liv. chaque, cy...................... ....   24 liv.

Toilette.

Pour avoir cousu de l'engrêlure à une toilette
d'Angleterre et son dessus, fait des coutures et
l'avoir monté, cy..................................   15 liv.

Manteaux et Tabliers.

Pour façon d'un manteau de mousseline brodée et
le tablier pareil, garnis de Malines brodée, où j'ai
fait des coutures à la dentelle, cy..................   15 liv.
Pour façon d'un manteau de linon batiste, avec le
tablier pareil, garnis de Maline brodée où j'ai fait
plusieurs coutures, cy............................   15 liv.

Valenciennes pour la nuit.

Pour façon de 6 ajustements de nuit de Valenciennes, composés de 6 bonnets avec des barbes ; 6
paires de sabots à 2 rangs ; 6 tours de corset ;
6 tours de gorge ; à 24 liv. chaque, cy..............   144 liv.

Malines pour la nuit.

Pour façon de 6 ajustements de nuit de Malines
brodée, composés comme cy dessus de Valenciennes,
à 24 liv. chaque, cy............................   144 liv.
Pour façon de 6 bonnets de nuit dont 4 de Valenciennes et 2 de Malines brodée sur mousseline, à
2 liv. chaque, cy..................................   12 liv.

Pour façon de 2 paires de manchettes à M^r le prince de Tarente, dont une paire de point d'Argentan et l'autre de point à l'aiguille, à 4 liv. la paire, cy.   8 liv.

Total............... 814 liv.

XIII. — Fourni à madame la duchesse de Châtillon par Le Normand et compagnie à Paris :

1781, 14 mai. — 31 aunes taffetas d'Italie blanc, à 8 liv........................... 248 liv.

14 aunes dit, roze glacé, à 8 liv....... 112 liv.

18 aunes 1/2 taffetas chiné, rayé, merde d'oye, à 8 liv.... .... 152 liv.

16 aunes 3/4 taffetas chiné, rose valoisé, à 8 liv. 10 s...................... 142 liv. 7 s. 6 d.

17 aunes taffetas chiné fond blanc rayé et peint, à 11 liv. 10 s .... 195 liv. 10 s.

17 aunes taffetas chiné pistache, à 8 liv. 136 liv.

17 aunes dit gris de taupe valoisé, à 8 liv. 10 s..................... 144 liv. 10 s.

13 aunes dit, fond blanc et noir, à 8 liv. 104 liv.

16 mai. — 2 aunes taffetas chiné fond blanc et noir, à 8 liv..................... 16 liv.

19 mai. — 17 aunes gros de Naples jaspé, lilas et blanc, à 14 liv.... .... 238 liv.

18 aunes gourgouran merde d'oye, broché soye à médaillons, à 10 liv....... 180 liv.

20 aunes taffetas d'Italie vert, à 8 liv... 160 liv.

25 mai. — 4 aunes taffetas chiné blanc et noir, à 8 liv..................... 32 liv.

26 mai. — 14 aunes 1/4 taffetas blanc et broché à mouches argent. à 30 liv..... 427 liv. 10 s.

29 mai. — 14 aunes gourgouran blanc brodé soye passée, nuée variée, à bouquets détachés, à 54 liv................. 756 liv.

15 juin. — 10 aunes taffetas d'Angle-
terre blanc fort, à 7 liv. 5 s............... 72 liv. 10 s.
   4 aunes 1/2 double florence blanc, à
5 liv...... .... 22 liv. 10 s.
   22 juin. — 19 aunes 1/4 taffetas blanc
broché à mouches d'or très riche, à 32 liv. 616 liv.
   23 juin. — 6 aunes velours de Gesne
cramoisy fin, à 32 liv........... .... 192 liv.
   8 aunes gros de Tours 15/16 cramoisy, à
18 liv................. .... 144 liv.
   25 juin. — 35 aunes taffetas d'Italie
noir à 8 liv............................ 280 liv.
   3 aunes 1/2 lilas ; 3 aunes 1/2 rose, à
8 liv............................. .... 56 liv.
   2 juillet. — 14 aunes taffetas blanc pail-
leté argent et peint, nué lilas et vert, à
44 liv................. .... 616 liv.
   3 aunes taffetas d'Italie blanc, à 8 liv... 24 liv.
   3 aunes dit chiné, fond blanc rayé et
peint, à 11 liv. 10 s....... .... 34 liv. 10 s.
   9 juillet. — 20 aunes taffetas d'Italie
blanc, à 8 liv......................... 160 liv.

Total .... 5261 liv. 7 s.

XIV. — Mémoire des autres dépenses relatives au mariage :

Au sieur Cormart (marchand de mousse-
line des Indes)............................ 292 liv.
   A madame Goman (id.).................... 523 liv.
Aux sieurs Mirvault et Gerdru, pour den-
telles.................... .... 3545 liv.
   Au sieur Godin, pour toiles et dentelles.... 23120 liv.
   Au sieur Thiébaut, pour toiles de Jouy.... 4569 liv.
   Au sr Relu Girard, pour toile de Jouy..... 120 liv.

A M. Le Normand (autre mémoire), pour
étoffes de soie. .... 2844 liv.

Au sr Baye, marchand de modes......... . 48 liv.

Au sr Richard, pour blondes .... 131 liv.

Au sr Chevalier........................... 72 liv.

A Mlle Gourdain, marchande de modes..... 7193 liv.

A Mlle Dumas, couturière................. 860 liv.

A Mme Lefèvre, ouvrière en linge.......... 537 liv.

A Mme Feuchebourg, autre ouvrière en linge. 439 liv.

A Mlle Suzanne Bardin (linge de toilette)... 277 liv.

A Mr Namur (lacets)...................... 118 liv.

A la dame Gautray (galons pour la toilette). 920 liv.

Au sr Alberty, pour 12 cuillers à café de
vermeil .... 138 liv.

Au sr Lebaigue, bijoutier................. 1113 liv.

Au sr Pihet, pour argenterie..... .... 118 liv.

A la princesse de Tarente, pour distribuer
aux gens de livrée de l'hôtel de La Trémoille. 552 liv.

A ma dite dame, pour ceux qui ont apporté
des présents............................. 720 liv.

Donné au comptable...................... 1220 liv.

A ceux qui lui ont apporté des bouquets
pendant plusieurs jours de la part du prince. 60 liv.

Aux gens de livrée de la maison de Châtillon .... 288 liv.

A Mr Mesnil, somme avancée pour mettre
au cierge de la princesse, lors de son mariage................................... 144 liv.

Au suisse de la duchesse : somme donnée
aux tambours et bouquetières..... .... 48 liv.

A la princesse, pour ses habits d'hiver (nov.
1781)................... .... 3000 liv.

Mise au net du compte.................... 6 liv.
                                        ─────────────
Total général......... 66954 liv. 15 s.

1782, 14 février. Paris. — Dépenses de la princesse de Tarente.

J'ai reçu de monsieur Mesnil la somme de soixante et douze livres pour les leçons de révérances de Cour que j'ai données à madame la princesse de Tarente.

A Paris, ce 14 février 1782.
GARDET.

Arch. nat. T. 1051 ⁵⁸.

1782-1783. — Dépenses de la princesse de Tarente.

Du 13 avril 1782. — Fait graver à madame la princesse de Tarente, neuf armes à des pièces de déjeuner doré...   9 liv.
Fait redorer la place des armes et rebrunir à neuf.   21 liv.

Total....................... 30 liv.

Arrêté à la somme de trente livres laquelle sera payée par le sⁱ Mesnil notre intendant à qui il en sera tenu compte en rapportant la présente quittance. A Paris, ce 30 juin 1783.

(Signé) : M. DE SALM, DUCHESSE DE LA TRÉMOILLE.

voilà l'état le plus exact de mes immenses revenus. Il est vrai qu'à mon arrivée à Pétershoff, j'ai trouvé sur ma toilette une bourse remplie d'or, contenant la valeur de 4 à 5 mille roubles ; j'ai vécu sur cette somme pendant six mois, pour joindre l'époque où les pensions ont commencé de courir ; sur cette somme, il a fallu acheter une voiture, habiller mes gens, m'habiller ; enfin, payer, mois par mois, mon ménage, tellement petit qu'il soit. L'argent, sans que j'en aie jeté un seul sol par la fenêtre, se trouve mangé et celui que j'ai apporté, bien écorné.

Vous voilà au fait, autant que moi ; jugez maintenant s'il m'est possible de faire ce que vous voulez. Vous savez quels sont mes revenus ; ma dépense les passe tous les mois ou à peu près, si je me permets le moindre achat ; aussi, suis-je d'une raison incroyable et je vous jure que je ne pare pas la cour impériale, qui est la plus belle que j'ai jamais vue. Je vis tranquillement ici ; je ne demande rien ; je crois que la plus parfaite modération est la véritable marque de la noblesse des sentiments et du désintéressement qui m'a conduite ici. Vous connaissez ma façon de penser, je ne suis pas fort occupée d'une grande fortune ; pourvu que j'aie de quoi pour n'être pas à charge, voilà tout ce qu'il me faut, et ce que je souhaite, si je pouvais y joindre de quoi partager, ce serait le vrai bonheur ; mais où est-il maintenant ?

A Londres, j'avais assez pour vivre, et si la demande de venir en Russie n'avait regardé que moi, (vous vous souvenez de ce que je vous ai mandé alors), je vous jure que je n'aurais jamais osé risquer mon bonheur, ma tranquillité, pour la chimérique espérance de trouver une plus grande fortune. Bien fou serait celui qui se laisserait éblouir par un tel espoir ; mais, l'ordre étant commun à ceux qui n'avaient rien, j'ai dû leur faire le sacrifice de mon déplacement. Je ne m'en repens pas, tant que je conserve l'espoir que cette année assurera leur existence. Quant à moi, je laisse au temps, malgré que je sois si pauvre, que je ne puis vivre avec ce que j'ai ; je ne demanderai rien pour moi ; je laisse, dis-je, au temps et à la justice à me donner ma récompense.

Malgré que vous ayez abandonné l'idée du service ici, je veux vous en donner une petite idée : en calculant votre entrée au service le plus favorablement, vous êtes admis comme général major, vous êtes de la quatrième classe, trois au-dessous de moi ; l'Empereur vous donne le commandement d'un régiment, au Caucase, sur les frontières de la Sibérie ou bien à vingt-cinq verstes de Pétersbourg ; vous n'y pouvez jamais venir que vingt-huit jours par an, et il y a de telles distances que le chemin emporterait le congé, témoin M. de Langeron, qui commande un régiment à Oufa, sur les fron-tières de la Sibérie ; mais M. de Richelieu, qui est à Tsareskoslo, à vingt verstes, ne peut pas plus venir ici ; les appointements, soit que vous soyez employé ou que vous res-tiez sans régiment, sont de deux mille cinq cents roubles, au plus, autrement dit, deux cent cinquante louis ; de plus, le service est excessivement minutieux et pénible, et très peu sûr ; on est réprimandé, rayé pour très peu de chose, je vous jure.

Quant à la guerre, que vous aimez beaucoup, on est sûr de ne la jamais faire ici : l'Empereur me paraît l'avoir en horreur. Quant à la pension de prince d'Empire, je n'en ai jamais entendu parler ; quant au rang, il n'existe plus : on ne connait que rang civil et rang militaire, qui marchent conjointement ensemble.

En tout, mon cher, tenez-vous-en à ce proverbe : *tout ce qui reluit n'est pas or*. Maintenant, trouvez-vous si extraordinaire que je ne souhaite pas de vous voir ici ? De plus, le moment est perfide pour les étrangers. Tenez-vous de votre mieux à Naples ; faites-vous-y des amis, comme j'ai eu la bonne fortune de m'en faire à Pétersbourg ; tout le monde qui me connaît, m'estime et me souhaite du bien ; il n'y a, au vrai, que ceux dont mon bien-être dépend, qui n'y songent pas et qui croient avoir tout fait pour moi, tandis que, de tous les Français qui

sons, frottoirs, fichus et 3 douzaines de
serviettes données à Gaspard................ 16 liv. 12 s.

De plus, de la part de madame la princesse
de Tarente, donné à Dugué. .... 24 liv.

Total .... 485 liv. 15 s.

VI. — Fourni par le sieur La Fabrègue quatre paires de
brodequins de peau jaune, pour le trousseau de Mlle de Chastillon .... 14 liv.

VII. — Mémoire du cordonnier Rouel :

Une paire de souliers à boucles d'étoffe blanche et argent
brillant.................................. .... 14 liv.
Deux paires de souliers de droguet puce, tout unis. 12 liv.
Une, couleur de chair pâle .... 6 liv.
Une, vert anglais............................. 6 liv.
Plus, deux paires de souliers noirs.............. 12 liv.
Une paire de mules, droguet rose............... 6 liv.
Trois paires de souliers, fustian gris............. 18 liv.
Idem, trois en merde d'oye.... .... 18 liv.
Plus une paire de souliers droguet blanc... .... 6 liv.
Plus une paire de souliers d'étoffe blanche à petites mouches d'or.... .... 16 liv.
Deux paires de sabots, l'une puce, l'autre gris foncé 14 liv.

VIII. — Vendu à mademoiselle de Châtillon pour son trousseau par Guerrier, marchand bonnetier ordinaire du Roy, du
23 juin 1781 :

Vingt-quatre paires de bas de soie blancs brodés, à 14 liv.
la paire...... ... . 336 liv

IX. — Fourni à madame la duchesse de Châtillon pour le trousseau de madame la princesse de Tarente, sa fille, par Payen, Mirvault et Gerdret ; 18 avril 1781. — 4 aunes 3/4 mousseline mille fleurs pour un mantelet et une nuit, à 27 liv .... 128 liv. 15 s.

... 4 aunes dite pour une nuit et une coiffe, à 29 liv.. .... 116 liv.

... 5 aunes 1/2 mousseline rayée brodée pour 2 mantelets mosaïque, à 22 liv........... 121 liv.

... 1 aune mousseline à ramaze pour une coiffe .... 28 liv.

... 10 mai 1781. — 3 aunes mousseline à petits bouquets pour deux volans, à 17 liv ..... 51 liv.

... 12 mai 1781. — Une parure d'Angleterre 1800 liv.

Total.. .. .. 3545 liv. 15 s.

X. — Mémoire de ce que La Glace, tailleur pour les dames, a fait et fourni par ordre de madame la duchesse pour le mariage de madame la princesse de Tarente, savoir :

Un corps sans envers, en batiste..   . ... 60 liv.

Un corps de taffetas sans envers, et en baleine, en travers............................... . 120 liv.

Deux corps de grand habit, dont chacun 96 liv..... 192 liv.

Total....... 372 liv.

XI. — Du 18 juin 1781. — Madame la duchesse de Châtillon doit à Mlle Boulay pour madame la princesse de Tarente :

Un panier de présentation en baleine....... ..... 72 liv.

Un idem pour son mariage, plus petit, en canne et en baleine........ .... 54 liv.

Une bouffante de polonaise..................... 24 liv.

NOTES SUR MA VIE

Je n'écris ceci que pour moi-même, afin de repasser encore, avant de la voir finir, le cours de ma vie entière, avec ses malheurs, ses fautes, souvent venues de la fatalité qui les causa, avec ce repos et ce bonheur véritable qu'après tant d'orages, la Providence daigne m'accorder, hélas ! trop tard, pour un cœur comme le mien.

Je me trompe, en disant que je n'écris que pour moi : c'est aussi pour cet être angélique, à qui mon âge n'a point fait peur et qui a bien voulu me confier son bonheur, avant d'avoir réfléchi qu'il me restait trop peu d'années à pouvoir le protéger ; j'écris enfin pour ce petit être qu'elle porte dans son sein ; Dieu veuille que ce soit un La Trémoille pour la défendre quand je n'y serai plus ! Ces lignes qu'elle lui lira, avec toute la tendresse éclairée d'une mère comme il en existe peu, avec toute la force d'esprit et de jugement dont elle est douée, lui apprendront que de la première éducation dépend l'avenir du reste de la vie ; celui qui a été gâté dans son enfance ne peut plus s'astreindre à réfléchir avant d'agir, à résister à ses passions, à ne viser que le but le plus noble et le plus honorable, même s'il contrarie son intérêt ou ses plaisirs ; l'âme la plus droite est ainsi entraînée dans des fautes qui pèsent sur l'existence tout entière.

A sept ans environ, je fus mis au collège du Plessis, sous la surveillance d'un gouverneur nommé Paris qui, lorsque mes frères furent en âge d'y être mis avec moi, a été renforcé d'un sous-gouverneur nommé Salentin. Pendant sept années, je poursuivis mes études avec assez de succès ; à ma sortie du collège, je pris quelques mois de repos (1778), et fus confié à M. d'Attilly [1], major du régiment d'infanterie de l'Ile-de-France, homme d'esprit et d'excellentes manières, recommandé à ma mère par son cousin le prince Emmanuel de Salm-Salm. Je partis, en compagnie de ce major, pour le régiment en garnison à Nimes, d'où il fut bientôt envoyé à Perpignan.

J'en revins en 1780 et, dans l'hiver de 80 à 81, mon mariage fut arrangé avec Mlle d'Emmanuelle de Châtillon, seconde fille de la duchesse de Châtillon, qui devait hériter un jour de deux cent mille livres de rente : c'était une grande fille de 17 ans et demi (je n'en avais pas encore 17), maigre et peu formée, d'une physionomie sauvage et peu accueillante ; elle ne me plaisait pas du tout, mais devint plus tard ce qu'on appelle une belle femme. Mon mariage eut lieu en juillet 1781 ; mais ma mère voulut que je partisse le soir même de mes noces, pour le régiment de mon oncle le duc de Croy, Royal Normandie cavalerie, auquel j'avais été attaché comme sous-lieutenant et qui tenait garnison à Arras. Je le rejoignis, l'année suivante, à Vitry-le-François ; là, pour un enfantillage, j'eus une affaire avec un camarade, aussi jeune que moi ; mon épée lui glissa sur les côtes et lui tira quelques gouttes de sang, tandis que la sienne, passant le long de la garde de mon arme, me la faisait tomber de la main ; l'unique témoin de ce duel enfantin nous sépara.

Durant l'été de 1783, ayant obtenu une permission de quatre jours, je me rendis aux petites eaux d'Attancourt [2] avec trois camarades, plus joueurs que les cartes. J'eus le malheur de faire connaissance avec la passion du jeu d'une manière si effrénée que je passai vingt-deux heures de suite à la même table, où l'on nous apportait à manger. Après avoir eu devant moi 1500 louis de profit, je finis par les reperdre en totalité,

1. De la famille des Grolier de Lyon.
2. Haute-Marne, canton de Vassy.

outre une somme égale, pour laquelle je fis des billets à la
banque, payables l'hiver suivant ; afin de me libérer, ma
pauvre mère qui me gâtait comme son premier-né, quoique
femme d'un mérite supérieur, obligea mon père à des sacrifices sur des lods et ventes considérables provenus de
Thouars. Mais je dus lui donner ma parole d'honneur de ne
plus jouer à l'avenir que ce que j'aurais en poche ; je tins
ce serment avec tant de rigueur qu'il finit par ne plus me
coûter.

En 1784, je passai, avec le grade de capitaine, aux dragons
de Noailles, en garnison à Epinal. J'y tenais état de prince,
du moins par le nombre de mes gens et de mes chevaux ; j'y
mis encore l'épée à la main, avec un de mes camarades, aussi
vif que moi ; c'était là une sotte affaire ; mais deux camarades
nous séparèrent et nous amenèrent à une réconciliation cor-
diale : en ce temps, même en promenade, les officiers devaient
avoir l'épée au côté.

Durant deux étés, je fis *florès* aux eaux de Plombières ; j'y
faisais courir des chevaux ; j'y courais moi-même contre des
Anglais, entr'autres le duc de Bedfort ; ma perte y fut com-
pensée par mon gain ; mais ces élégances me valurent la
considération d'une dame alors fort à la mode, plus par son
esprit que par sa figure qui n'était que fraîche et spirituelle.
Avec mes idées philosophiques sur la beauté des femmes,
j'aurais préféré une grisette belle et fraîche à une princesse
dénuée de ces réels avantages : je commençais donc par
railler les courtisans assidus de cette spirituelle reine de la
mode. Elle en fut piquée et jura de m'attacher à son char ;
elle y réussit, car, sans avoir rien dans le cœur, je profitai
des avantages que me faisait sa coquetterie ; ce succès
d'amour-propre me lia avec elle pour quatre ou cinq ans,
sans me faire oublier ma femme devenue alors fort belle, à
laquelle je ne pouvais reprocher que de n'avoir pas d'enfants.
Elle en eut un dans l'hiver de 1788 à 1790 ; c'était une petite
fille qu'on nomma Caroline : j'appris sa mort, au début de

1791, à Turin, ce premier nid de l'émigration, où j'avais rejoint le comte d'Artois.

Il est inutile, après tant d'autres, de reparler des causes de la Révolution de 1789 et des atrocités qu'elle a commises. J'essuyai cet orage révolutionnaire, durant deux mois, en grinçant des dents ; puis je me décidai, avec mon père et mon frère cadet, à accompagner dans le midi ma mère, déjà fort souffrante de la poitrine. Les médecins, dans leurs tristes prévisions, l'envoyaient à Nice, dernier asile des poitrinaires, où ils ne tardent pas à finir. En effet, dans l'été de 1790, nous enterrâmes mon excellente mère. Ce malheur profondément ressenti étendit sur ma vie une teinte de tristesse, non encore effacée.

Quelque temps après ce cruel événement qui avait rappelé de France tous mes frères, Talmond, Charles, le grand doyen de Strasbourg et le prince Louis, mort en 1837 à Aix-la-Chapelle, je laissai aux soins de ce dernier mon père, sur qui veillait encore un vieil ami de la famille, l'abbé d'Arvillars. Pour faire trêve à mon chagrin, j'entrepris le voyage d'Italie ; je me rendis à Turin et me mis en route, avec le chevalier de Puységur, capitaine des gardes du comte d'Artois, qui en obtint un congé ; à la mode anglaise, nous étions dans un *corricolo* à deux chevaux, sorte de cabriolet à pompe, tandis que mes chevaux de selle étaient montés par mon cocher et mon valet de chambre. Mais, à notre arrivée à Rome, le chevalier de Puységur dut retourner à Mantoue où les conférences s'ouvraient entre le comte d'Artois et l'empereur Léopold ; moi-même j'apprenais que mon père avait été frappé d'une attaque d'apoplexie ; il s'en était relevé et ne devait succomber à la maladie qu'en mai 1792. D'autre part le comte d'Artois m'avait recommandé de revenir près de lui, à l'ouverture des conférences, afin de prendre ses ordres et ses paquets pour Nice, où s'étaient réunies les personnalités les plus marquantes de la noblesse émigrée en Provence et en Languedoc. Je résolus d'obéir au prince et de revoir aussi mon père ; pour faire les deux courses dans le temps nécessaire à une seule, je galopai sur un bidet de poste durant quatre jours et cinq nuits, et j'arrivai à Nice, après avoir pris seulement trois heures de repos à Mantoue, tandis qu'on préparait mes dépêches.

Cependant la situation s'aggravait et devenait inquiétante : Louis XVI en fuite était arrêté à Varennes, l'émigration de Turin se disloquait pour aller, comme un essaim bourdonnant, s'abattre à Coblentz : là leur jactance, leur forfanterie, leur inconséquence commencèrent à déconsidérer près des puissances ces émigrés chevaleresques, dignes d'un meilleur sort.

Malgré ma légèreté naturelle et mon caractère irréfléchi, je fus révolté de ce désordre bruyant, de ces intrigues inconvenantes ; pour fuir la cour de Coblentz, je demandais un congé au comte d'Artois, dont j'étais l'aide de camp ; mais je promis de revenir à l'armée du prince de Condé, un mois avant l'ouverture des hostilités.

Je me rendis aux eaux de Spa, autant pour ma santé que pour mon plaisir, et comme elles étaient fort brillantes, je m'y amusai beaucoup. Comme les hostilités n'étaient pas encore ouvertes, je partis pour Paris, afin de m'y procurer de l'argent, avant de passer en Angleterre et de retourner à mon poste. Je retrouvai ma femme, qui, à cause de son dévouement à la Reine et au Roi, détestait Coblentz et me vit avec plaisir partir pour Londres. Je fus bien accueilli à la Cour de Saint-James et dans la haute société, parce que j'étais prince et l'un des hommes les plus à la mode de Paris : le prince de Galles, depuis Georges IV, me prit en faveur, me donna deux de ses meilleurs chevaux de chasse et me mena dans Londres presque partout avec lui.

La déclaration de guerre du mois de mai 1792 me ramena sur le continent : mais j'avais tellement secoué le millier de louis ramassés à Paris qu'il me fallut songer à de nouvelles ressources : je n'avais point d'appointements de la place d'aide de camp du comte d'Artois que je voulais abandonner, ni de celle de colonel des hussards de Salm que le prince Maurice, mon oncle, allait me donner : d'ailleurs comment hypothéquer sur les biens que la France me confisquait? Heureusement, à quelques lieues de Bingen, où se formait l'armée de Condé, habitaient de bons parents de ma mère, des rhingraves de Salm qui, de la meilleure grâce, me prêtèrent 15 ou 16 mille florins, valant 32 à 34 mille francs : j'en ai longtemps payé les intérêts et je ne me suis libéré de cette dette que depuis peu d'années.

La campagne de 1792, de pure observation, ne dura que quelques mois : pour tout divertissement, nos avant-postes sur le Rhin entendaient de temps à autre passer quelques boulets républicains. Comme les Prussiens avaient évacué les plaines de la Champagne et que la désunion se mettait dans les conseils des puissances, j'en conclus que nos quartiers d'hiver ne seraient pas inquiétés ; je préférai donc Vienne aux villages voisins de Fribourg en Brisgau, et je m'y rendis sur mes chevaux, à petites journées, avec un passe-port du prince de Condé. Par hasard ou plutôt par calcul, je fus rejoint, dès la première couchée, par un officier d'état-major, le comte Armand D..., dont je ne connaissais pas l'exécrable réputation. Il sut me gagner par son adresse intrigante, son entrain spirituel et me proposa de jouer pour me distraire des ennuis du voyage. Comme je refusais, il me dit connaître une martingale secrète de rouge et noir qui, par une marche régulière, vous permettait de gagner 50 louis par soirée et 1500 louis par mois ; en doublant les mises, on aurait doublé le profit, mais toutes les banques ne permettaient pas de ponter si haut. Dès lors, nous fîmes tous les soirs, durant trois semaines, plus de 600 tailles d'essai ; une seule fois, la martingale fut poussée au 6ᵉ coup et gagna le 7ᵉ ; elle devait donc, toutes pertes compensées, donner un profit mensuel de plus de 1500 louis. Mais, pour en user, il fallait une mise de fonds de 24, ou mieux de 48,000 livres et il ne me restait que quelques milliers de francs, provenant de l'emprunt conclu avec les rhingraves.

J'aurais dû ne songer qu'à entrer au service de l'Autriche à l'aide de la protection de mes parents, le prince et la princesse de Stahremberg, et faire agréger ma maison à l'Empire germanique, comme y ont réussi les Rohan. L'Empereur François II m'accueillit avec bonté et soumit ma proposition au conseil aulique qui l'ajourna : dans ce pays, il faut du temps pour tout et les affaires ne marchent que lentement.

Je n'avais donc plus rien pour me distraire des propos fallacieux et perfides de mon chevalier d'industrie, qui voulait me faire tirer les marrons du feu. Il m'exposa que la Révolution allait tout bouleverser en Europe et ne respecterait que l'argent ; il fallait s'en procurer à tout prix, même par le jeu. Gagné et convaincu, je m'ingéniais à l'exécution des idées qu'on m'avait soufflées. Comme il n'y avait pas de banque à Vienne, il fallait retourner à Londres, mais, ni dans l'une, ni dans l'autre capitale, je ne connaissais de prêteur. Mon infatigable spéculateur apprit que le duc de Richelieu, venu comme moi de l'armée de Condé à Vienne, possédait un sabre de hussards, monté avec les diamants de sa femme, d'une valeur de 70 à 80 mille francs. Mon intrigant persuada au duc, simple et crédule, que ce sabre était fait pour le colonel des hussards de Salm, qu'il irait bien avec son uniforme dans les fêtes de la cour ; comme je devais retrouver 600.000 livres de rentes en France, Richelieu n'hésita pas à me donner son arme et à me faire crédit jusqu'à la restauration de la monarchie.

Aussitôt le billet signé et l'affaire conclue, nous achetâmes une voiture de voyage et nous nous mîmes en route, malgré les rigueurs de l'hiver. Nous traversâmes l'Allemagne en diagonale pour nous embarquer à Ostende, obligés à de longs détours, dans la crainte de tomber dans les avant-postes républicains. Entre la Saxe et la Hesse, du côté d'Eisenach, avant d'entrer dans la Westphalie et la Hollande septentrionale, les routes étaient fort mauvaises, les ornières profondes, si bien que la voiture versa du côté de mon compagnon, sa main droite brisa la glace dont les morceaux pénétrèrent dans les chairs ; des opérations chirurgicales ne purent le délivrer de ses douleurs et il demeura estropié jusqu'à sa mort.

Enfin nous arrivâmes à Londres, où un banquier me prêta 50,000 francs sur mon sabre : j'en mis 42,000 en réserve ; le reste, joint au prix de la vente de mes chevaux laissés à Vienne, me permit d'acheter de belles et bonnes bêtes de chasse : je pus ainsi me rendre aux invitations du duc de Bedfort et chasser avec lui, toute la saison, à Woburn Abbey. Avec mon habitude de tout voir en rose, j'étais convaincu de gagner bientôt 1500 louis par mois ; je croyais donc pouvoir m'abandonner à cette bonne vie qu'on mène dans les châteaux anglais : la chasse au renard devint pour moi une passion. J'avais refusé, l'année précédente, les offres du duc d'Athol, mon parent, qui m'aurait mené dans les montagnes d'Ecosse où l'on tue tant de cerfs et de gros gibier : je perdis l'occasion de visiter les Highlands, avec un couple de doubles poneys que m'aurait prêtés mon parent.

Cependant mes quatre chevaux de prix me menaient du Hampshire, où résidait presque toujours le prince de Galles, dans le Bedfordshire, à Woburn Abbey, propriété du duc de Bedfort, où sont les plus belles chasses au renard : nos distractions n'étaient guère raisonnables, car auprès du prince de Galles l'ordre du jour était de boire sans cesse, si bien qu'à mon coucher je manquais d'aplomb sur mes jambes.

Je rentrais à Londres, comme tous les chasseurs au renard, dans le courant de mars 1793 ; je rentrais au milieu des élégances et des plaisirs de Londres qui étaient dans tout leur éclat. J'y devins fort à la mode parce que j'étais l'un des favoris du prince de Galles. Dès mon arrivée à Paris, à la fin de 1791, je lui avais été présenté dans un petit dîner, chez mes amis, le duc et la duchesse de Piennes ; il était si enchanté de mes modes arrivant de Paris, que, le lendemain matin, je dus lui envoyer mon valet de chambre pour le coiffer comme je l'étais : il essaya une paire de boucles de souliers que la veille il avait trouvées jolies sur mon pied ; on lui porta en même temps la nouvelle forme des chaussures de Paris. Je passai donc un printemps fort agréable jusqu'au jour où, dans un grand bal, la nouvelle de la déclaration de guerre de la République française vint me surprendre aux côtés d'une belle personne, qui accueillait avec émotion mes propositions galantes ; ce fut pour moi le signal du départ.

Débarqué à Ostende, je passai par Bingen où se formait l'armée de Condé et où mon oncle Maurice réunissait les hussards de Salm, et j'arrivai à Coblentz où l'entourage du comte d'Artois me fit un crime de mon voyage en Angleterre. Je demandais audience au prince qui me reçut avec humeur et refusa ma démission d'aide de camp. Louis XVIII (Monsieur) fut plus bienveillant et me permit de retourner sur-le-champ auprès de mon oncle Emmanuel de Salm. Le comte d'Artois me tint rigueur jusqu'à son sacre, où il me refusa, malgré sa promesse, le cordon bleu pour le donner au duc de Luynes, mon cadet à la Chambre des pairs, qui n'avait pas, comme moi, porté le sceptre et la couronne aux obsèques de Louis XVIII : la promesse était formelle pour les quatre pairs qui, à cette cérémonie, avaient porté les honneurs. Furieux de cette infamie, je courus à Reims, chez le duc de Doudeauville, le priant de dire au roi que je ne méritais point pareil traitement : j'allais, disais-je, vendre mes biens et ceux de ma femme pour passer en Autriche ; je ne voulais plus de son cordon bleu, en attendant un autre qui valait mieux : en effet, quelques jours après, je reçus du roi de Bavière le cordon de Saint-Hubert qui ne se donne qu'aux princes et descendants de souverains. Le duc de Doudeauville m'écrivit de la part du Roi qu'on s'était mépris et me promit le premier cordon vacant ; je le reçus deux mois après, sans beaucoup de reconnaissance, comme l'on peut croire.

Mais revenons à mon arrivée à Londres, en compagnie de mon spéculateur estropié et du précieux sabre, père nourricier de la fortune. Je fus aussitôt entouré d'intrigants des deux sexes, bien connus du comte Armand D..., tous désireux de plumer le pauvre pigeonneau qui se livrait de si bonne grâce. Madame Lartigue, jolie femme de Bordeaux, vint à moi avec son beau-frère Sicard et son amant en titre, M. de Tilly, qui avait remplacé, à sa grande rage, mon chevalier d'industrie. Ils me trouvèrent bientôt une maison et un cuisinier qui promit de prendre à ses frais la moitié de ma dépense, mais

loublia ses conventions, et me contraignit de nourrir chaque jour six ou sept personnes à mon domicile, devenu une véritable caverne de voleurs. Je présentai à deux ou trois banques de jeu le comte Armand..., comme l'un des gros joueurs de la partie de la reine Marie-Antoinette, pour l'y faire bien accueillir. Je lui fis donner une grosse somme par le banquier pour l'exécution de sa martingale et partis pour chasser le renard avec le duc de Bedfort. Quand je revenais à Londres pour assister au passage du rouge et noir, le comte ou son aide de camp Sicard gagnaient, ou à peu près, leurs 50 louis par soirée, mais bientôt ils perdirent et tout mon crédit chez le banquier y passa. Je m'empressai de me défaire de ma maison, je congédiai cuisinier, servantes et parasites : la perte n'était que pour moi : le comte Armand D..., malheureux en apparence, avait su remplir sa bourse. Pour liquider ma situation et repasser sur le continent, je vendis 14 chevaux de chasse, dont plusieurs avaient une réputation, au Tattersall de Londres. Mon essai de la martingale avait été désastreux : le prêteur me réclama, à diverses fois, 58 mille francs ; j'en payais 90000 au duc de Richelieu avec les intérêts : c'était une perte sèche de 148000 francs, dont je ne fus débarrassé qu'en 1824.

En février 1793, j'habitais la ville de Bedfort, dans une maison louée en commun avec le duc et la duchesse de Piennes, le duc de Mouchy et le comte de Belsunce ; j'y reçus mon frère Louis, auquel j'abandonnai la place de colonel commandant les hussards de Salm, tout en y conservant le titre de colonel à la suite. Mon frère, contre ses intérêts, m'engagea à ne pas donner ma démission ; mais je cédai aux conseils de la mauvaise fortune qui m'entraînait à ma ruine.

Je n'avais plus avec moi que mon valet de chambre français, quand les horreurs de 93 vinrent me rendre malade et épou-

vanter l'Europe. Ma première femme avait failli être massa-
crée comme la princesse de Lamballe dont elle partageait la
prison. Plus tard, sa mère, la duchesse de Châtillon, la sauva
des massacres de septembre, à prix d'argent. Elle venait
d'arriver en Angleterre et logeait à Richemond avec son amie,
mademoiselle Faniani (depuis lady Yarmouth), dans une maison du duc de Queensbury, père occulte de la demoiselle.
Celle-ci était liée avec le comte de Belsunce qui m'informa de
cette double arrivée. Je rejoignis sur le champ ma femme,
qui avait autant d'esprit que de caractère. Elle fut consternée
de mes sottises, me les reprocha amèrement et finit par me
proposer son argent. Je n'acceptai pas, car elle en avait elle-
même besoin pour exécuter ses grands projets. Le comte
et la comtesse du Nord [1] que nous avions beaucoup connus
à Paris chez la duchesse de La Vallière, grand'mère de ma
femme, avaient été informés de sa belle conduite et de son
héroïque attachement à la Reine ; ils lui offrirent en Russie
un asile digne d'elle et l'envoyèrent chercher sur une frégate
russe qui la débarqua à Cronstadt, d'où elle se rendit à
Pétersbourg. Peu de jours après, elle était nommée dame
du Portrait de l'Impératrice, grande faveur pour une étrangère, et recevait de l'empereur un don de quelques milliers
de paysans. Elle aurait pu avoir davantage, mais le prix que
le Tzar mettait à ses libéralités n'aurait pas convenu à ma
femme dont la grande fortune fut arrêtée dans son essor. Elle
en avait assez pour vivre estimée dans ce pays où elle mourut en juillet 1814.

Je n'étais pas au bout de mes maladresses : le Parlement
d'Angleterre venait de décréter la levée de plusieurs régiments
de cavalerie étrangère, quand je passais sous les fenêtres de
madame Fitz-Herbert ; le prince de Galles y était ; il me vit et
m'appela : « Mon cher prince, me dit-il, j'ai une bonne nou-

1. Le tzar Paul I et la tzarine Maria Feodorowna (née Sophie-
Dorothée de Wurtemberg).

velle à vous donner ; je vous nomme colonel propriétaire du
premier régiment de cavalerie légère qui va être levé pour le
compte de l'Angleterre, vous entrerez à notre service. » Ma
réponse fut assez sotte : « Monseigneur, je suis pénétré des
bontés de Votre Altesse Royale, mais je suis engagé d'honneur
avec monseigneur le Prince de Condé et je dois lui demander
son agrément. » Le prince de Galles pâlit de colère et me dit :
« Puisqu'il en est ainsi, prenez ce que je viens de vous proposer comme non avenu ; qu'il n'en soit plus question : je vous
souhaite du bonheur. » Sur ces mots, il me tourna le dos, me
laissant anéanti de la sottise que je venais de commettre.

Je partis d'Angleterre, débarquai à Ostende et retombai à
Bruxelles, malade et léger d'argent ; un ancien et fidèle ami,
Archambauld de Périgord, me remonta le moral et m'indiqua
le moyen de sortir d'embarras. Mon cousin, le prince Emmanuel de Croy (Solre), était alors à Bruxelles et pouvait me
prêter 1000 louis sur la succession de ma mère, dont les biens
en Brabant valaient 300,000 francs. Dès le lendemain, je les
hypothéquais aux mains de mon cousin qui me compta la
somme. C'était assez pour me tirer d'affaire, ainsi que mon
frère Louis, auquel le colonel Nesbitt venait de souffler la
levée d'un régiment de chasseurs au service anglais. Nous
partîmes ensemble pour Vienne où nous obtînmes une nouvelle audience de l'empereur François II ; il nous proposa le
grade de lieutenant-colonel dans les régiments de Saxe et de
Berchiny, autrefois au service de France ; mais pour l'agré-
gation de notre maison au Corps Germanique, il nous renvoya
au conseil aulique et au prince de Metternich ; celui-ci me fit
entendre qu'il fallait faire venir des capitaux de France, à
l'exemple des Rohan, et acheter un fief immédiat en Empire.

C'était impossible, puisque la République française avait
séquestré tous nos biens. Mon frère, découragé, s'abattit,
comme un oiseau fatigué, à Hambourg, chez une vieille et
noble tante, comtesse de Bentinck, fort riche et proche parente
du roi de Danemark. Comme elle n'avait que des parents

éloignés en Angleterre, lord Bentinck et sa famille, son neveu, durant plusieurs années, fut presque le maître de la maison. Mais le prince Louis ne sut pas se faire aimer de sa vieille tante ; sa morgue était au-dessus de toute idée, son cœur glacial, son caractère roide et immobile. Aussi, à la mort de la comtesse, il ne retrouva à la porte de la maison que son petit paquet d'émigré. Rentré en France en 1802, il épousa la princesse de Saint-Maurice (née comtesse de Langeron).

Pour moi j'entrai en relations avec l'aimable marquis del Gallo, ambassadeur de Naples à Vienne, qui m'offrit le grade de colonel aide de camp de son souverain, avec 8 ou 10000 francs d'appointements. J'acceptai, sans réfléchir que je renonçais tacitement aux protestations de ma famille, légitime héritière du royaume de Naples. On ne voulut pas me reconnaître mon titre de prince de Tarente, et l'on me traita comme un grand d'Espagne ; sans doute j'avais l'Excellence, mais, à côté de moi, des principicules allemands étaient traités d'Altesse et ne me nommaient que *Signor Principe*, comme le petit-fils d'un marchand de poissons, assez riche pour acheter ce titre. Dans ma première entrevue avec le général Acton, ministre favori de la reine Caroline, plus puissant que le roi Ferdinand, j'entrevis qu'il aurait fallu pour lui plaire être son chef de sbires : tout voir, tout entendre, puis tout raconter. Si j'y consentais, je serais colonel du régiment de Macedonia (ou des Albanais) en garnison à Naples, ramas de coquins toujours prêts à des complots révolutionnaires qu'il faudrait démasquer. Je ne voulais pas être le chef de police de ce satrape atrabilaire, au visage dur et tyranique ; je lui fis entendre, après le dîner, que le marquis del Gallo m'avait parlé du grade de colonel aide de camp du Roi, avec un commandement dans le corps auxiliaire employé en Lombardie. Le lendemain, je fus reçu en audience par le Roi et la Reine qui furent des plus gracieux ; deux jours après, j'avais mon brevet et partis rejoindre en Lombardie les cinq régiments de cavalerie que commandait le prince de Cuto. Ce vieux général s'en tint avec moi aux politesses les plus banales et les plus froides. Il me regardait, à tort, comme l'espion du général Acton et semblait prendre à tâche de me prouver que j'étais aussi inutile à ses côtés que la cinquième roue à un chariot ; il ne m'employait en rien et quand je lui demandais chaque jour ses ordres, il me répondait invariablement : Rien du tout ; *niente a fatto.* Je partageais sa table avec ses deux aides de camp, mais elle était plus que médiocre, car c'était un ladre vert. Je dus donc me retourner du côté du premier aide de camp de Beaulieu, le chef d'état major Radetzky, qui me fit meilleur accueil.

Chez les Autrichiens, j'étais très bien vu, regardé un peu comme un volontaire, mais non comme étranger ; comme colonel d'État major d'un corps auxiliaire, on me donnait souvent de la besogne à la chancellerie, car j'écrivais également l'allemand ou l'italien. En outre, dès qu'un détachement était envoyé quelque part avec chance de voir des coups de fusil, je ne manquais pas de l'accompagner. C'est ainsi qu'en 1795, encore sous le commandement du général de Vins, je me suis trouvé à deux affaires d'avant-poste, dans les montagnes de la Rivière de Gênes, près de Vado. Un volontaire est toujours bien vu à l'armée, quand on lui reconnaît du zèle et l'envie d'apprendre le métier, surtout s'il est sans prétention ni jactance.

En 1796, peu de temps après que le général Beaulieu eût remplacé le général de Vins, l'armée française força les lignes sardes de Mondovi, et l'armée autrichienne se vit obligée de commencer à Nice *de la Paille* la retraite, dite la retraite de Beaulieu, à travers toute la Lombardie, jusque de l'autre côté de l'Adige. Cette retraite faite avec prudence et habileté en face de l'astre naissant du général Buonaparte, n'aurait rien coûté à l'armée autrichienne, sans la faiblesse du général de Beaulieu pour son gendre et aide de camp, le baron de Melcamp ; celui-ci lui persuada, contre l'avis de tout ce qui avait du bon sens à l'armée, de défendre au pont de Lodi le cours de l'Adda, qui était guéable à 500 pas au-dessous ; j'ai retrouvé depuis comme collègue à la Chambre des Pairs le général Beaumont (de la Boninière), qui ce jour-là avait passé à quelque distance de moi, avec un corps de cavalerie, auquel il avait fait passer le gué ; il vint prendre à revers les batteries autrichiennes de la tête du pont, qui de front furent enlevées par une autre colonne française, malgré le feu qui l'avait décimée. Je n'ai jamais vu une action de guerre si meurtrière, sur un seul point. La batterie de la tête de pont et deux autres, à droite et à gauche, faisaient un feu convergent de 26 pièces de canon ; à chaque décharge, c'était un ravage épouvantable, tellement qu'après la seconde on doutait que les Français pussent pousser en avant ; mais rien n'est impossible à notre enthousiasme, comme l'on sait ; ils vinrent à bout de s'emparer de toutes les batteries, après avoir tué sur leurs pièces tous les canonniers ; c'est une justice à rendre à ces braves gens. Le général que je vis à cheval sur le pont, derrière ces enfants perdus, ne m'a pas paru être Buonaparte, mais, autant que la fumée me permettait de distinguer, Augereau ; du moins cela ressemblait-il à ses portraits.

Pendant ce passage du pont qui peut-être ne dura pas 20 minutes, je fus chargé de porter l'ordre au régiment napolitain *del Principe*, alors en bataille, à peu de distance, derrière les batteries, de diriger une charge, dans la plaine, sur un corps de tirailleurs français, qui avaient passé le gué avant la cavalerie ; je ne manquai pas cette occasion de charger avec eux comme volontaire et de distribuer quelques bons horions sur les têtes de ceux qui venaient de me manquer, sans leur donner le temps de recharger. Ce fut dans cette occasion que je passai peut-être à moins de cent pas du général Beaumont, qui me dit depuis à la Chambre m'avoir reconnu, mais n'avoir pas voulu se déranger de sa ligne pour venir m'attaquer.

Les Français, une fois maîtres des batteries, les retournèrent contre l'armée ennemie, dont l'arrière-garde, par la faiblesse du général Beaulieu, avait été laissée à la disposition de son gendre, comme soutien, si l'affaire eût réussi ; la retraite s'opéra avec promptitude, sur la route de Crémone, pour rejoindre le quartier général ; mais les derniers régiments, entr'autres les Hongrois de l'archiduc Antoine, perdirent bien du monde. Heureusement, la nuit arrivait ; les Français ne surent pas tomber assez promptement sur cette arrière-garde, qu'ils auraient infailliblement écharpée avec leur cavalerie.

Par cette mésaventure, la retraite se continua toute la nuit ; on ne prit que le temps indispensable au repos des troupes, jusqu'à ce qu'elles fussent cantonnées derrière le Mincio ; ce n'était que pour reprendre haleine, car le Mincio n'était pas plus défendable que l'Adda ; pour une armée décidée à n'attendre l'ennemi que dans une bonne position, il fallait arriver à l'Adige. Derrière le Mincio, le général Beaulieu avait établi son centre et quartier général à Valeggio, sa droite à un village dont j'ai oublié le nom, et sa gauche commandée par le général Colli, à Goito. Dès le lendemain, après toutes les mesures prises, pour défendre le passage à Valeggio, si on voulait l'y tenter, le chef d'Etat Major Radetzky me dit qu'il n'était pas tranquille ; qu'on n'entendait pas parler des Français, et que cependant ils ne pouvaient pas être à plus de 4 ou 5 lieues de nous ; ces diables-là avaient toujours le secret d'avoir de bons espions, tandis que les Autrichiens, même en pays ami, n'en avaient que de mauvais. Je ne pus m'empê-cher de lui répondre : « Parbleu, je le crois bien ; ils les payent « au poids de l'or, mais les fusillent sans pitié, à la moindre « apparence de trahison ; et vous voulez les avoir pour quelques « florins, augmentés de coups de bâton au moindre mécon-« tentement ! »

Il se mit à rire et me demanda de faire le lendemain une pointe en éclaireur de l'autre côté du Mincio, pour inspecter les avant-postes de troupes légères, qui devaient se replier sur Goito au cas de l'arrivée des Francais ; en même temps je lui rendrais un compte exact des positions et intentions de nos adversaires. Un peu avant la pointe du jour, je montai à cheval, avec Luigi-Pinedo, aide de camp du vieux commandant napolitain, qui m'avait demandé de m'accompagner dans cette reconnaissance. Comme je ne pouvais en une seule fois faire la tournée entière, je me décidai pour le côté le plus intéressant, celui de l'aile gauche, à Goito, où la rivière pouvait être guéable. En effet, à moins de 2 lieues de Valeggio existait un gué qui nous était parfaitement inconnu, tandis que les espions des Français les en avaient déjà informés ; dans cette même matinée, une heure après mon passage, leur colonne y arriva comme un trait, effectua son passage sans obstacle, et tomba à l'improviste sur le quartier général à Valeggio ; Beaulieu comptait sur les avant-postes laissés au delà du Mincio, et n'avait pas pris toutes les précautions désirables ; en effet, dans la nuit, un major hongrois d'un beau nom de ce pays-là, commandant tout le cordon d'avant-postes, jugea à propos, sans aucun ordre du quartier général, de replier ses vedettes, de telle sorte que les Francais arrivèrent au fleuve, sans avoir rencontré un visage autrichien.

Depuis une demi-heure j'étais à Goito, et j'y faisais mon rapport au général Colli, quand arriva au triple galop un officier de uhlans, le comte Hardegg ; il nous annonça que les Français étaient tombés sur Valeggio, d'où le quartier général, avec perte de quelques hommes et prisonniers, s'était retiré en assez bon ordre sur Villafranca, pour regagner Gambarani, où les Autrichiens avaient jeté un pont sur l'Adige ; il portait l'ordre au général Colli de se replier dans cette direction avec les troupes qu'il commandait.

Avant d'aller plus loin, je dois citer à la tête des prisonniers de Valeggio, l'inoffensif commandant napolitain qui, avec l'aide de camp resté près de lui et trois ou quatre officiers de ses complaisants, se hâta d'offrir son innocente épée aux premiers Français qui vinrent de son côté ; il fut envoyé à Turin avec sa troupe dorée. Le général Colli fit à l'instant relever tous les postes et se replia en bon ordre sur Villafranca, où nous arri-

vâmes à la nuit, accompagnés par la fusillade presque conti-
nuelle des tirailleurs français sur lesquels nous exécutâmes
quelques charges individuelles. par escadrons ou demi-esca-
drons, avec des hussards hongrois et le bon régiment napolitain des Dragons du Roi, commandé par le brave prince de
Hesse-Philipsthal. Un quart d'heure avant l'arrivée à Villafranca, je fus par Colli dépêché à Radetzky pour lui faire mon
rapport. Là, tout était dans une grande confusion, les soldats,
à peine arrêtés, essayaient de prendre leur repas, avant d'opérer le passage de l'Adige : dans un bivouac à peine simulé, des
piquets étaient plantés pour tenir les chevaux, ou suspendre
quelques marmites ; la halte ne pouvait durer que deux ou
trois heures.

A peine avais-je eu le temps de manger un morceau, ce que
je n'avais pu faire depuis 4 heures du matin, que Radetzky
me donna la mission délicate et pénible de reconnaître de nuit
notre route jusqu'à l'Adige, en s'assurant où étaient amis
et ennemis. Notre aile droite n'avait pas encore rejoint, et
le désordre était tel que les corps étaient emmêlés les uns
dans les autres ; au milieu de la nuit, on ne savait plus si les
bivouacs, dont on voyait les feux, étaient autrichiens ou français. Nous en étions entourés ; un d'entre eux attira mon
attention, à peu de distance du chemin qui menait au pont de
Gambarani. Il n'y avait plus à badiner ; il fallait le reconnaître
d'une manière positive. Comme je n'avais voulu prendre avec
moi que mon ordonnance, je lui fis garder mon cheval ; puis en
me glissant à plat ventre, sans le moindre bruit, à travers les
pieds de vignes, je parvins à quinze pas d'un feu de bivouac
français ; ils avaient deux ou trois blessés avec eux, juraient
et sacraient contre les Autrichiens en disant qu'ils les f... dans
l'Adige. En effet, il n'en étaient pas loin ; mais nous étions
encore de force à le passer. Cependant, comme il était important
d'opérer prudemment ce passage, en évitant une attaque de
nuit, c'est-à-dire une terrible bagarre, l'ordre fut donné d'ob-
server le plus grand silence : on prit à l'instant, dans un ma-

gasin de fourrages, de la paille pour entourer les roues des
canons et des voitures ; tout fut prêt en moins de deux
heures ; et, grâce à la taciturnité allemande, la colonne de 9 à
10 mille hommes, avec ses pièces, ses caissons, ses voitures
du train, passa sans être entendue, à moins de 300 pas du
corps d'armée ennemi ; quand le jour parut, nos derniers
hommes étaient passés, et le pont de bateaux presque entièrement replié sur la rive gauche de l'Adige. C'était là une barrière derrière laquelle on pouvait dormir en repos ; je ne
me souviens plus du nom de l'endroit où nous retrouvâmes le
quartier général de Beaulieu ; le comte Radetzky lui rendit de
moi un compte très avantageux, et me cita de la manière la
plus flatteuse dans ses rapports à Vienne.

La campagne était terminée : je transmis au maréchal de
camp Ruitz, brave et honnête Espagnol, l'ordre de conduire
la cavalerie napolitaine en Tyrol, dans la vallée de Méran et
d'y prendre ses quartiers d'hiver. J'obtins moi-même un congé
pour rétablir ma santé ; je visitai Lausanne, Turin et Venise ;
puis, au mois d'avril 1797, je ralliai mon corps de cavalerie
que j'accompagnai jusqu'à Naples, le long de l'Adriatique.

Là, j'appris qu'un rapport d'aide de camp m'accusait d'avoir
déserté mon corps à l'affaire de Valeggio ; le roi Ferdinand
et son ministre me reçurent très froidement à Caserte. Inquiet,
je demandai une audience particulière à la reine Caroline ; je
lui proposai d'écrire au général Radetzky pour confondre mes
calomniateurs. Elle repartit que les certificats n'étaient faits
que pour les domestiques et qu'elle me croyait sur parole.
Grâce au témoignage de don Luigi Pinedo qui m'avait accompagné dans ma reconnaissance, je parvins réellement à me
disculper près des souverains et de leur ministre. Je végétais
à Naples jusqu'en 1798 ; j'étais sans emploi, l'Autriche refusant
désormais le concours de son allié, le roi de Naples. Mais la
reine Caroline, conseillée par lady Hamilton, résolut d'attaquer
pour son compte les Français qu'elle détestait, à cause de
l'exécution de sa sœur Marie-Antoinette. Elle demanda aux

Autrichiens un général ; on lui envoya Mack, dont la réputation était assez problématique ; il forma un camp de 36,000 hommes à San Germano, dans les Abruzzes, et m'y donna le commandement d'une brigade subordonnée au prince de Hesse Philipstal, brave, mais brutal et grossier ; il m'avait pris en antipathie, parce que je partageais avec lui les faveurs d'une petite Milanaise. Outre ma brigade, il en commandait une autre, ainsi qu'un régiment de cavalerie aux ordres du duc Caraccioli de Rocca Romana, le plus bel homme que j'aie jamais vu. Durant notre marche sur Rome, le prince de Hesse nous laissait le soir poster les hommes à notre guise, s'enfermait avec sa coquine et nous envoyait ses ordres par un insolent domestique. J'obtins de la reine de changer de corps et de passer sous le commandement du chevalier de Saxe, mon ami intime. J'en allai prévenir par ironie mon grossier prince de Hesse qui me tourna le dos, sans mot dire. J'arrivai près du chevalier de Saxe au milieu de la nuit et je m'étendis sur un matelas ôté de son lit.

Nous étions à Bracciano, à quatre lieues en avant de Rome, vers la Toscane. Tout à coup les Français surviennent, enlèvent les grand'gardes et repoussent nos avant-postes, composés d'un demi bataillon d'infanterie légère avec ses pièces et d'un demi escadron du régiment *del Re*. Au milieu de l'obscurité, je ne retrouvai plus nos généraux dispersés dans des granges ou des baraques ; enfin je ralliai un bataillon, un demi escadron, deux pièces de canon et je me portai sur la route de Monterosi : le village fut évacué par les Français après deux coups de mitraille et nous y entrâmes par trois côtés. Avec bien de la peine, nous rassemblions des vivres pour nous et du fourrage pour nos chevaux, quand l'ordre fut donné de marcher sur Civita Castellana et de rallier la colonne du comte de Damas ; le lieutenant Carillo, chargé de faire diversion, perdit les deux tiers de ses hommes. Nous arrivâmes donc à portée des Français, isolés, mourant d'inanition. Les paysans nous guidèrent à travers les forêts et nous

donnèrent des provisions ; mais il fallut battre en retraite sur
Viterbe, pour nous rapprocher de Rome et de notre quartier
général. Tout à coup un feu de tirailleurs mit le désordre parmi nos soldats ; ils s'enfuirent aux cris de : *Francesi, Francesi ! cavalleria, cavalleria !* Le colonel Fardella les arrêta
heureusement par le feu d'une batterie ; un bataillon de Cala-
brais, bons tireurs, les décima ; enfin une charge de cavalerie
que je dirigeai avec le chevalier de Saxe acheva de les disper-
ser. Mais celui-ci reçut à bout portant un coup de feu dans le
ventre ; il tomba de cheval et sa monture, s'échappant, jeta le
désordre dans nos rangs ; en voyant ce cheval blanc sans
maître, les Napolitains s'écrièrent : Le général est mort ; sauve
qui peut ! Fardella ne put mettre ses pièces en batterie, parce
que les muletiers coupèrent les traits de leurs chevaux. Bientôt ce fut une débandade générale ; les soldats tiraient sur
leurs officiers qui tentaient de les ramener au feu ; seule la
colonne du comte Roger de Damas couvrit la retraite de ces
lâches qui ne s'arrêtèrent qu'à 20 milles en arrière, sur la route
de Naples.

Sur l'ordre du chevalier de Saxe, je me rendis à Rome pour
y faire mon rapport au roi Ferdinand et au général Acton ;
ils m'écoutèrent avec assez d'indulgence et m'envoyèrent me
reposer. J'avais le délire et presque un accès de fièvre chaude,
quand la lecture d'un journal populaire, vendu au ministre,
vint augmenter mon malaise : j'y étais accusé de trahison et
rendu responsable de la déroute de Civita Castellana. C'en
était trop ; je congédiai mon aide de camp, mes domestiques,
et j'envoyai ma démission au général Acton par une lettre
assez outrageante : je préférais, lui disais-je, être soldat en
Vendée que brigadier sous un ministre tel que lui. Je sortis
de Rome en compagnie d'un hussard hongrois, passai par
Orbitello ; puis, longeant la Méditerranée, j'arrivai à Florence.
Mes amis, le bailli de Crussol, ancien capitaine des gardes du
comte d'Artois, et ma cousine, la marquise de Grollier,
n'osèrent me recevoir et m'envoyèrent loger à la grande

auberge Vanini. Un postillon, perfide et bossu me dénonça
au ministre de Naples, le duc de Sangro, qui me fit arrêter
par l'intermédiaire du prince d'Avella. Je fus conduit à la
citadelle de Livourne, sous la garde du général Raselli qui
me laissa libre sur parole. Je fus ramené de là, comme un
prisonnier d'Etat, jusqu'à Palerme, en Sicile, où la révolution
napolitaine avait rejeté le roi Ferdinand. Il m'était favorable
ainsi que la reine Caroline, qui me donna une lettre de re-
commandation pour le roi de Danemark; mais le ministre
Acton était le plus fort; il me fit embarquer pour Trieste,
d'où je pouvais gagner la Vendée, comme j'en avais mani-
festé le désir.

Arrivé dans ce port, je pris la poste et ne m'arrêtai qu'à
Hambourg, près de mon frère le prince Louis; il fut désolé
de mes fautes, mais me plaignit plus qu'il ne me blâma. Il
me mit en relations avec son ami le baron de Frotté, avec
lequel je passais en Angleterre, pour débarquer sur les côtes
de Normandie. Durant deux mois, je fis la guerre en flibus-
tier, recevant des coups de fusil dans mes habits et dans mon
chapeau. Comme Napoléon, premier consul, voulait pacifier
Vendéens et Chouans, je vins à Paris avec un aide de camp
de Bourmont, pour essayer de me rattacher à quelque chose.
Un ami de collège, originaire de Fribourg en Suisse, me
cacha durant deux ans ; en 1803, j'entrai, comme général
major, au service du grand duc de Baden, dont j'étais parent.

Lors de la révolution de 1830, j'étais, avec mes enfants, à
Voisin, terre de ma femme, à une lieue de Rambouillet,
lorsque Charles X y arriva avec les débris de la garde. Je fis
demander au Roi des ordres ; il me fut répondu qu'il n'y avait
plus rien à faire, et que je devais me rendre à la Chambre des
Pairs. C'est ce que je fis sur-le-champ, avec la plus grande
peine, en traversant l'avant-garde des révolutionnaires parisiens. Ne pouvant plus rien pour la défense de Charles X, je
crus de mon devoir d'aller offrir, comme volontaire, mes services au nouveau Roi, pour défendre encore la couronne·

Sans expliquer en détail ma conduite, je peux dire avoir prouvé mon véritable amour pour la patrie et mon dévouement sincère à un prince dont le gouvernement constitutionnel, aussi éminemment sage que ferme et légal, a su préserver la France des horreurs de l'anarchie, et lui conserver en Europe la considération et le rang qui lui appartiennent.

Dès lors, ma vie a été trop ordinaire pour que je veuille la repasser en détail. Un seul jour a marqué pour moi, celui du 14 septembre 1830, où je dus à l'amitié du pauvre Archambauld de Talleyrand-Périgord la main de Mlle Valentine de Serrant, délicieuse et angélique créature, à qui je dois tant de bonheur. Ici, je m'arrête, dans l'insuffisance de pouvoir peindre comme elle le mérite cet ange de bonté que j'adorerai jusqu'à mon dernier soupir.

TABLE

Souvenirs de la princesse de Tarente

Lettres de la princesse de Tarente

Extraits des comptes

ACHEVÉ D'IMPRIMER

A NANTES

PAR

ÉMILE GRIMAUD ET FILS

LE XVᵉ JOUR DE JUILLET

M. DCCC. XCVII